CB003449

Os Sete Dias do Coração

Muḥyīddīn Ibn ʻArabī

Os Sete Dias do Coração

Awrād al-usbūʻ (Wird)

"Preces para as noites e os dias da semana"

ʻ

TRADUÇÃO
Bia Machado
Regina Araújo

APRESENTAÇÃO, COMENTÁRIOS E NOTAS
Bia Machado

A PARTIR DA TRADUÇÃO COMENTADA DO ÁRABE PARA O INGLÊS DE
Pablo Beneito
Stephen Hirtenstein

ATTAR EDITORIAL
SÃO PAULO, 2014

tradução para o português *Regina Araújo* e *Bia Machado*
revisão *Tami Buzaite*
diagramação *Maria do Carmo de Oliveira*
capa *Helena Musa*
imagem da capa *Cássia Castro*
(pintura de bastão a óleo sobre tela 120 x 90 cm)
preparação e edição *Sergio Rizek*

Dados Internacionais de Catalogação na Publicação (CIP)
(Câmara Brasileira do Livro, SP, Brasil)

Ibn 'Arabi, Muḥyīddin, 1165-1240.
Os sete dias do coração : awrād al-usbu (wird) : orações para as noites e os dias da semana / Muhyiddin Ibn 'Arabi ; tradução de Beatriz Machado e Regina Araújo ; apresentação e notas Beatriz Machado ; a partir da tradução do árabe para o inglês com comentários de Pablo Beneito e Stephen Hirtenstein. -- São Paulo : Attar Editorial, 2013.
Título original: Awrād al-usbu (wird) : the seven days of the heart : prayers for the nights an days of the week.
Bibliografia.

ISBN 978-85-85115-42-5

1. Islamismo - Orações e devoções 2. Sufismo
I. Machado, Beatriz. II. Beneito, Pablo. III. Hirtenstein, Stephen.
IV. Título. V. Título: Orações para as noites e os dias da semana.

10-06640 CDD-297.3

Índices para catálogo sistemático:
1. Orações diárias : Islamismo 297.3

PUBLICADO COM O APOIO DO
MUHYIDDIN IBN 'ARABI SOCIETY LATINA

ATTAR EDITORIAL
Rua Madre Mazzarello, 336
São Paulo - SP - 05454-040
Fone/Fax : (11) 3021 2199 - attar@attar.com.br
www.attar.com.br

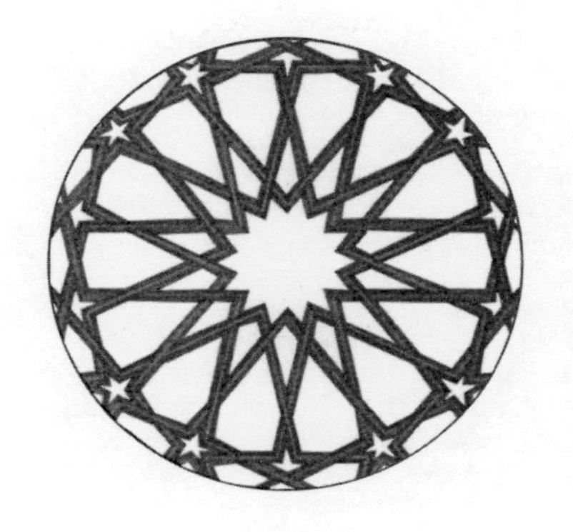

E Deus disse: haja luz; e houve luz. E viu Deus que era boa a luz: e fez separação entre a luz e as trevas. E chamou Deus à luz Dia, e às trevas chamou Noite. E houve tarde e manhã, o primeiro dia.

(*Gênesis 1:3-5*)

Por certo, vosso Senhor é Allāh, Que criou os céus e a terra, em seis dias; em seguida, estabeleceu-Se no Trono. Ele faz a noite encobrir o dia, cada um na assídua procura do outro; e criou o sol e a lua e as estrelas, submetidos, por Sua Ordem. Ora, d'Ele é a criação e a ordem. Bendito seja Allāh, O Senhor dos mundos!

(*Corão 7:54*)

O filho de Adão é injusto comigo quando amaldiçoa o tempo,
pois Eu sou o Tempo. Em Minha Mão está a Ordem.
Faço a noite se alternar com o dia, um em seguida ao outro.

(*Hadith*)

Entre Adhri'āt e Buṣrā uma donzela em seus quatorze anos
chamou minha atenção tal qual uma lua cheia.
Ela era exaltada em majestade além do tempo e o
transcendia em orgulho e glória.

(*Tarjumān al-ashwāq XL:1-2*)

Sumário

Awrād al-usbū' (*Wird*)
"Preces para as noites e os dias da semana"

Prefácio à Edição Brasileira
Ibn 'Arabī e a Revelação

Com esta publicação da tradução do *Awrād al-usbū'* ("Preces para a semana") de Ibn 'Arabī, comentada por Beneito e Hirtenstein, o leitor de língua portuguesa tem em mãos um guia precioso de introdução e de estudo da obra do grande mestre andaluz.

Para os iniciantes convém estabelecer, logo de início, um ponto capital sem o qual a própria natureza do percurso de Ibn 'Arabī torna-se inacessível: "Tudo o que escrevi provém do Corão e de seus tesouros", afirma o *Shayḫ*.

De fato, podemos comprovar, a cada página de qualquer um de seus textos, a notável frequência das citações do Corão. No entanto, a relação com a Revelação é ainda mais profunda: Ibn 'Arabī não cita como quem se refere a algo que está *fora*, em outro lugar, como uma realidade especular. Pertencendo ao *ahl al-dhawq*, "o povo do sabor (dos que sentem o gosto)", ele "experimenta" cada verso que, deste modo, é o lugar de um "encontro a meio caminho" com "Aquele que fala". Nessa medida, o texto é permeado pelo Livro como a urdidura de um tapete permeia a sua trama.

Todas as referências corânicas subjacentes ao texto das Orações estão assinaladas nas notas da tradução, no que reside umas das excelências do presente trabalho. Tome-se como exemplo o início da "Prece da manhã de terça-feira", em que lemos a passagem "nas vastas águas do mar da Tua Unidade". Nas notas, temos a indicação de que se trata de uma alusão "a duas passagens no Corão, nas quais, na primeira, o mar (*yamm*) destruiu tanto o Faraó como sua comitiva e, na segunda, varreu as cinzas do Bezerro de Ouro: 'Revelamos a Moisés, Vai com Meus servos pela noite; abre-lhes um caminho seco no mar, não temendo ultrapassá-lo. Faraó os seguiu com suas tropas, mas foram afogados no mar; Faraó desencaminhou seu povo e não o guiou bem' (Corão, 20:77-79) e 'Nós certamente o queimaremos e espalharemos suas cinzas pelo mar. Só Deus é seu Deus; não há deus senão Ele, que tudo abarca em Sua Sabedoria' (Corão, 20:97-98)".

O leitor poderá, a princípio, ver-se desconcertado com a aparente disparidade de conteúdo entre os versos corânicos e o texto de Ibn 'Arabī, como se não houvesse nada nos últimos que permitisse supor uma relação significativa com a passagem em questão. No entanto, o termo utilizado por Ibn 'Arabī para "mar", *yamm*, mais literário que corrente na língua árabe, remete de imediato, para o leitor familiarizado com o Corão, aos versos em que este termo aparece. Com este procedimento, um efeito de eco produz no recitador das orações uma via de meditação que ultrapassa o que poderíamos chamar de um primeiro nível de entendimento do texto. Esta questão é essencial tanto na perspectiva de Ibn 'Arabī em particular quanto na do sufismo em geral.

A rigor, todo texto escrito pela pena de um mestre sufi, tenha ele a forma de uma epístola, de um tratado ou mesmo de um conto de ensinamento, consiste numa ponte entre o leitor e o Corão.[1]

---

1 Para um estudo mais aprofundado da questão, remetemos o leitor ao clássico "Un Océan sans rivage", de Michel Chodkiewicz, Ed. du Seuil, 1992 (em inglês, *Un Ocean without shore*, State University of New York Press, 1993).

> "Perguntaram ao sayed [Sayed Sabir Ali-Shah]: por que o *Shayḫ* Attar escreveu O memorial dos amigos de Deus?
> – Porque o Corão já não era mais vivido e sim explicado, respondeu ele."[2]

Para nós, "ocidentais", que estamos habituados a pensar no Corão como um livro pertencente a uma civilização distante tanto no tempo quanto nas referências exóticas que temos do Islam, o lugar central ocupado pelo Livro de Allāh parece incompreensível. No entanto, devemos aqui ter em mente o significado mais interno da Revelação para os sufis.

> "...As pessoas de nossa Via – que Allāh esteja satisfeito com elas! – jamais pretenderam trazer o que quer que seja de novo no que se refere à espiritualidade, mas apenas descobrir novos significados na Tradição imemorial. A legitimidade dessa atitude é confirmada por meio da palavra do Profeta, segundo a qual a inteligência de um homem só é perfeita quando ele descobre no Corão múltiplas significações, (...). É por isso que cada vez que surge alguém a quem Allāh abriu o olhar interior (basīra) e iluminou o coração, nós o vemos tirar de um versículo ou de um hadith um sentido que ninguém antes dele havia sido levado a descobrir. (...) Ora, tudo isso se deve ao caráter infinito da Ciência de Allāh, que deles é o Mestre e o Guia."[3]

A ideia de Revelação combina tanto o caráter fixo e imutável da letra (*lā tabdīla fī kalimāti Llāh*, "As Palavras de Deus não mudam", Corão, 10:64) quanto a inesgotabilidade de suas possibilidades de significação ("Se todas as árvores da terra se tornassem cálamos, se o mar se tornasse tinta e fosse aumentado

---

2 Idries Shah, *Sages d'Orient*, Ed. du Rocher, 1988, p. 53.

3 Abd el-Kader, *Écrits*, p. 158-159.

de sete outros mares, ainda assim a Palavra de Deus não se esgotaria", Corão, 31:27).

Evidentemente, não se trata da ideia, comum para nós desde as interpretações alegóricas da Bíblia, de que qualquer obra pode ser subjetivamente interpretada. Os sufis não estão se referindo nem a uma operação racional, por meio da qual um método interpretativo seja aplicado, nem a uma operação inconsciente, por meio da qual um laço associativo ponha o leitor diante de sua história individual. Aqui se trata de um diálogo intuitivo realizado a partir de um estado particular de consciência, obtido por meio de técnicas especialmente desenhadas para este fim.

A marca diferencial da perspectiva sufi reside numa distinção fundamental: o homem conhece ou experimenta de si mesmo apenas o seu ego (no árabe, *nafs*) – a sua história pessoal, seus mecanismos de defesa, suas construções imaginárias, seus conjuntos de crenças – e desconhece, por variadas razões, o seu ser singular – uma dimensão a ser desenvolvida pela educação sufi. Esta singularidade, chamada comumente de "coração" (*qalb*), é o órgão capaz de receber a "descida" da Revelação.

Desse modo, enquanto o ego percebe ao seu redor uma realidade estável, exterior, fora de si mesmo e busca repetir padrões que traduzam e manifestem tal estabilidade, os sufis sabem que Deus "a cada dia, ocupa-se de uma obra nova" (Corão, 55:29) e que o Real, por ser infinito, é sempre novo. Escapar da repetição e poder estar em contato com uma dimensão singular do Real a cada momento é o que a Revelação faculta.

> "O Corão é perpetuamente novo para cada um daqueles que o recitam (...). Mas nem todo recitador está consciente de sua descida (*nuzūl*) porque seu espírito está ocupado por sua condição natural. O Corão desce então sobre ele oculto atrás do véu da natureza e não resulta em gozo. É a este caso que alude o Profeta quando fala de recitadores que lêem o Corão sem que

este vá além de suas gargantas. Este é o Corão que desce sobre as línguas e não sobre os corações. Deus disse, ao contrário, a respeito daquele que saboreia [esta descida]: "O Espírito fiel desceu com ele [= o Corão] em teu coração (Corão, 26:193). Este é aquele a quem esta descida faz provar uma doçura incomensurável que excede qualquer gozo. Quando ele a experimenta, ele é [verdadeiramente] aquele sobre quem desceu o Corão sempre novo. A diferença entre esses dois tipos de descida é que, se o Corão desce ao coração, traz com ele a compreensão: o ser em questão tem o conhecimento daquilo que recita ainda que ele ignore a língua da Revelação, ele conhece o significado daquilo que recita ainda que o sentido que têm essas palavras fora do Corão lhe seja desconhecido porque elas não existem em sua própria linguagem: ele sabe o que essas palavras significam em sua recitação e no momento mesmo em que as recita. A estação do Corão e sua morada, sendo aquilo que dizemos, resulta em que cada um encontra nele aquilo a que aspira. É por esta razão que o *shayḫ* Abū Madyan dizia: o aspirante (*al-murīd*) só o é verdadeiramente quando encontra no Corão tudo aquilo a que aspira. Qualquer palavra que não possua esta plenitude não é realmente Corão.[4] Quando o Corão, que é um atributo divino – e o atributo é inseparável daquilo que ele qualifica – desce ao coração, é portanto Aquele mesmo de quem o Corão é a Palavra que desce com ele. Deus disse que o coração de seu servidor fiel O contém:[5] é nessa descida do Corão no coração do crente que consiste a descida divina ao coração".[6]

---

4 Lembremos que a raiz da palavra Corão (*qurān*) exprime a ideia de "reunião" e de "totalização" (N.T).

5 Este *hadith qudsi* célebre é frequentemente citado pelos autores sufis com uma cadeia de transmissão remontando a Wahb b. Munabbih. Ele não figura, no entanto, nas coletâneas consideradas como "canônicas" e Ibn Taymiyya o classifica entre os *isrā'iliyyāt* (N.T.).

6 Ibn 'Arabī, cit. e trad. por Chodkiewicz, in *Océan*, p. 46.

Assim, a perspectiva aqui não é entender o que está sendo dito de modo objetivo ou abstrato, mas sim permitir que os múltiplos arranjos e relações possíveis da Letra revelada, como num caleidoscópio, dêem-se a ver àquele cujo olhar interior se abriu e o tornem, a exemplo do Profeta, um receptáculo da Palavra.

De modo correlato, há outra questão de crucial importância na perspectiva de Ibn 'Arabī: "o Corão é irmão do Universo", assegura-nos o *Shayḫ*.

O termo em árabe que designa o verso corânico – *ayat* – é o mesmo que pode ser traduzido por "sinal". Os versos estão no Livro como os sinais estão no Mundo. Os acontecimentos da vida do comum dos homens, dos mais corriqueiros aos mais impenetráveis, numa palavra, aquilo que habitualmente chamamos realidade, é o que "acontece" no Corão e vice-versa. Ler o Corão quer dizer encontrar a Palavra escrita nos mais variados dizeres dos dias e das noites. Cada acontecimento, cada experiência, cada momento da vida é, a rigor, um verso corânico por meio do qual Deus dialoga com cada criatura em particular. Na expressão de Ibn Abbas, "nenhum pássaro agita suas asas no céu sem que isto esteja inscrito no Livro de Allāh". Não se trata "daquele" Livro, distante, exótico, datado. Trata-se do fato de que, para o sufi, tudo o que existe é fala e escrita, "o mundo são palavras em ritmo e rima"[7].

Quando um navegante busca orientar-se por meio das estrelas, é porque deseja ir a um lugar. Para aqueles que não querem ir a parte alguma, as estrelas são mudas. Lançar-se, portanto, na busca do próprio destino, daquilo "a que se aspira", é a condição para que o Céu se ponha a falar. Escutar as respostas que se dirigem a essa – e só a essa – aspiração equivale a tornar-se obediente. De fato, é porque o navegante obedece ao que está

7 Ibn 'Arabī, cit. e trad. por Claude Addas, in *Le Vaisseau de Pierre*.

escrito nas estrelas que ele pode ser livre para ir aonde quiser. É nesse sentido que o sufi é integralmente submisso ao Corão – ou à realidade – como Lei revelada, portanto, como caminho, processo e movimento. Caminho que leva ao encontro da aspiração, processo de aprender a aprender sobre essa aspiração, movimento de renovação incessante que manifesta os múltiplos e diferentes aspectos dessa aspiração.

> Alguém reclamou com um sábio sufi que as histórias que ele contava eram interpretadas de uma maneira por uns e de outra por outros.
> – É precisamente o que faz o seu valor, disse o sábio. Que juízo farias de um copo no qual se pudesse beber leite mas não água, de um prato no qual se pudesse comer carne mas não frutas? Copo e prato são recipientes limitados. A linguagem, não deveria ela ser infinitamente mais capaz de fornecer alimento? A questão não é: "de quantas maneiras posso compreender isto e por que é que eu não posso vê-lo de uma única maneira?" A questão é antes: "tal indivíduo, poderia ele tirar proveito daquilo que encontra nas histórias?".[8]

É desse modo que a obra de Ibn 'Arabī não convida a um trabalho de pensamento e de construção de um saber. Tampouco chama a uma experiência emocional destinada a tocar profundamente a alma e despertar sentimentos de elevação, mas consiste, estruturalmente, em uma travessia na qual o leitor, ao ser levado pela mão do Mestre andaluz, "que é melhor que uma luz e mais segura que um caminho conhecido",[9] não obstante, constrói seus próprios passos e a realiza na solidão de sua via singular.

---

8 Idries Shah, *Sages d'Orient*, Ed. du Rocher, 1988, p. 48.

9 Rumi.

> "Entre as significações possíveis de uma palavra, de um verso, não há que escolher por meio de um processo mental: o 'verdadeiro' sentido – o que é verdade neste instante preciso, para este ser preciso – é o que surge, na nudeza do espírito, da letra mesma do discurso divino. É a esta letra, e a ela somente, que prestará atenção aquele cujo coração está pronto a acolher esta 'chuva de estrelas' que cessará apenas no dia em que o Corão não for mais recitado 'em voz alta ou em segredo'."[10]

Com estes *Awrād*, o leitor pode aproximar-se de um dos muitos "guias de viagem" do *Shayḫ al-Akbar* e, de posse da certeza íntima de que a palavra de um mestre não tem outro intuito que a de ser uma via de acesso à Palavra divina, ele pode tomar contato com essas orações não apenas como quem lê ou estuda mas, sobretudo, como quem se deixa recitar por elas. Como quem se lança ao mar sabendo que é da escuridão da noite que surgirá a Estrela-guia destinada ao coração de cada viajante (*salik*).

Bia Machado
outubro de 2013

10 Chodkiewicz, *Un Océan sans rivage*, *op. cit.*, p. 54.

Agradecimentos

Ambos gostaríamos de expressar nossos sinceros agradecimentos a todos aqueles que ajudaram a tornar possível esta tradução. Foram muitos e os seguintes merecem especial menção:

Sara, cujas habilidades de edição foram exercitadas com o mais fino tato e precisão, e cujo olho infalível para o detalhe removeu tantos erros e inconsistências; Michael, que muito trabalhou para alcançar a simplicidade que a maioria dos leitores nunca notará; Maurice Gloton, que generosamente nos permitiu consultar uma tradução francesa não publicada do Awrād de Michel Vâlsan, e cujas numerosas sugestões para nossa própria tradução mostraram-se inestimáveis; Michel Chodkiewicz, que muito generosamente leu nosso trabalho e forneceu muitas referências a outros escritos de Ibn ʻArabī para a explicação de pontos chave; Daud Sutton, que forneceu os diagramas das estrelas de sete pontas; Judy Kearns, cuja excelente leitura das provas também forneceu muitas sugestões úteis; e David Apthorp, que preparou o desenho e um molde para as ilustrações de capa.

PB & SH

E eu gostaria de acrescentar meus agradecimentos pessoais a Barbara Hirtenstein, cujo constante encorajamento, não importando os obstáculos, ajudou a levar o projeto inteiro a uma feliz conclusão; e, acima de tudo, a Bulent Rauf, que primeiro me apresentou essas magníficas orações e demonstrou a arte sutil da tradução, encorajando-me a tentar o que frequentemente parecia uma tarefa impossível.

SH

Abreviaturas

As seguintes obras são todas citadas nas notas às orações. Detalhes completos podem ser encontrados na Bibliografia. As citações alcorânicas baseiam-se na tradução de Arthur Arberry, The Koran Interpreted, Oxford, 1964.

Fuṣūṣ al-Ḥikam de Ibn 'Arabī. Edição árabe de A. 'Afīfī

Fuṣūṣ *Fuṣūṣ al-Ḥikam*, com comentário otomano, vertido para o inglês por Bulent Rauf

Bezels *The Bezels of Wisdom*, traduzido por Ralph Austin

Wisdom *Wisdom of the Prophets*, traduzido por Angela Culme Seymour

Fut. *Futūḥāt al-Makkiyya* de Ibn 'Arabī

JMIAS *Journal of the Muhyiddin Ibn 'Arabi Society*, 1984 até hoje

Kashf *Kashf al-ma'nā* de Ibn 'Arabī

Mishkāt *Mishkāt al-anwār* de Ibn 'Arabī

RG *Répertoire Général des oeuvres d'Ibn 'Arabī*, referindo-se aos números dados na classificação de Osman Yahia da obra de Ibn 'Arabī

SDG *The Self-Disclosure of God,* William Chittick

UM *The Unlimited Mercifier,* Stephen Hirtenstein

Concordance *Concordance et indices de la tradition musulmane*, editado por A. J. Wensinck.

Introdução

1. AS PRECES DE IBN 'ARABĪ

Ibn 'Arabī (1165-1240) é conhecido desde há muito como um grande mestre espiritual. Autor de mais de 150 obras, exerceu influência ímpar não somente em seu círculo mais restrito de amigos e discípulos, mas em gerações subsequentes que consideraram seus ensinamentos uma exposição única da Doutrina da Unidade (*tawḥīd*).

Em sua visão, o mundo possui uma harmonia fundamental em que todas as coisas estão complexamente interconectadas e na qual o ser humano ocupa um lugar de incomensurável dignidade. Suas obras, escritas em uma torrente de inspiração, são documentos vivos cujos significados jorram das páginas e nenhuma leitura é idêntica à outra. Tocando no coração de questões humanas essenciais, elas iluminam e desafiam nossa visão da humanidade e do mundo.

Sua vasta obra em prosa e poesia, cada vez mais acessível por meio das traduções para as línguas ocidentais, possui a extraordinária qualidade de falar a pessoas de diferentes crenças e modos de vida, ultrapassando a aparente barreira de séculos e culturas muito distintas.

Apesar do crescente interesse por seus trabalhos, as preces a ele atribuídas ainda são pouco conhecidas. Em virtude de sua natureza íntima, elas proporcionam um olhar precioso sobre a prática real da vida espiritual na tradição sufi. Esta é a primeira vez que elas são publicadas em outra língua, a despeito de sua ampla circulação no árabe original.

A coleção que aqui apresentamos é uma das mais célebres e notáveis, e pode ser encontrada sob diferentes títulos: "Preces diárias" (*al-Awrād al-yawmiyya*), "Preces para a semana" (*Awrād al-usbū'*), "Preces para os dias e as noites" (*Awrād al-ayyām wa'l-layālī*) ou, simplesmente, "Prece de Devoção" (*Wird*).

O termo *wird* (pl. *awrād*) é difícil de ser traduzido: a raiz árabe contém conotações de "chegar", "alcançar", "aparecer" ou "ser recebido". Para os beduínos, a raiz *wrd* refere-se, primeiramente, a um bebedouro ou poço em que os viajantes saciam a sede. No contexto da prática espiritual, o termo *wird* é normalmente aplicado a preces de devoção em horas específicas do dia ou da noite. São chamados atos sobrerrogatórios,[11] em adição às cinco orações prescritas para a sociedade islâmica. Constituem-se frequentemente de passagens do Corão ou orações sobre o Profeta, comumente recitadas em reuniões públicas. Há várias outras conhecidas orações de devoção deste tipo, de outros mestres espirituais. Podem mencionar-se outros exemplos magrebinos,[12] escritos por contemporâneos de Ibn 'Arabī, como a "Prece", de 'Abd al-Salām Ibn Mashīsh, a "Prece do Mar" *(Ḥizb al-baḥr)*,

---

11 O termo sobrerrogatório não aparece no dicionário Aurélio, propomos cunhá-lo desse modo em português, seguindo o modelo das traduções francesa (*surérogatoire*) e inglesa (*supererogatory*) para o termo árabe *nawāfil*, que designa os atos excedentes aos atos obrigatórios, os chamados *farā'id*, compostos basicamente das cinco orações diárias do Islam (N.T.).

12 Do árabe *maghrebi*, "do Magreb", literalmente, "do poente" ou Ocidental, este termo refere-se normalmente ao ocidente islâmico (N.T.).

de Abū al-Ḥassan Alī al-Shādhilī, ou a menos conhecida "Prece de Bênção" (*al-Ṣalāt al-mubāraka*) de 'Abd al-'Azīz al-Mahdawī.

Diferentemente das mencionadas acima, as "Orações da Semana" de Ibn 'Arabī não são nem de devoção, no sentido comum da palavra, nem parecem ser destinadas à recitação comunal. Ao contrário, parecem ser atos mais íntimos e privados, em que as súplicas implicam alto grau de compreensão e autoconhecimento. Ao recitá-las, o leitor é imediatamente surpreendido pela precisão e profundidade de sua formulação, consagrada principalmente à clarificação e celebração da Unidade (*tawḥīd*). Baseadas na detalhada exposição da Unidade espiritual, expressam a mais íntima conversa com o divino Amado e colocam o orador como o verdadeiro adorador. Aqui, o recitador e o recitado são entendidos como dois lados da mesma realidade. O que é recitado é, por um lado, o que "chega ao coração" (*wārid*) e é "recebido" pelo adorador. Por outro lado, seu rogo alcança o Real (*al-ḥaqq*) e é respondido. Para aquele que as lê, estas preces são tanto educacionais quanto devocionais.

2. A OBRA DIVINA: ROGO E RESPOSTA

> "Ele é requisitado por todo aquele que está nos céus e na terra. A cada dia, Ele se ocupa de uma obra nova" (Corão, 55:29).

Para Ibn 'Arabī, este verso corânico expressa um tema central da existência. A cada momento, cada ser, da mais extensa galáxia à menor partícula, requisita e recebe alimento, tanto o físico como o espiritual. Em seu comentário sobre o verso, ele observa:

> "A obra [divina] é o pedido daqueles que rogam. Não há um único existente que não rogue a Ele – o Exaltado –, mas cada um é conforme aos diferentes graus de pedidos".[13]

Desta forma, a obra divina consiste em atender constantemente às solicitações dos seres criados, do mais alto ao mais baixo. A resposta de Deus é tão inerentemente necessária quanto o pedido da criatura. Com a injunção: "Suplicai-me e Eu vos responderei" (Corão, 40:60), Deus prometeu responder à constante solicitação das criaturas, e isto é em si uma solicitação:

> "Ele pede aos servidores que chamem por Ele, enquanto os servidores pedem que Ele responda. Assim, ambos solicitam e são solicitados (*ṭālib wa maṭlūb*)".[14]

A resposta é igualmente mútua:

> "Quem quer que responda quando é chamado, é respondido quando ele mesmo chama. Ele [Deus] responde quando ele [o servidor] O chama – desde que ele [o servidor] tenha respondido a Ele – até que ele realize a linguagem do Enviado de Deus.[15]
>
> "Se alguém responde ao chamado de Deus quando Ele o chama pela linguagem da Lei Revelada – e Ele não o chama exceto por meio dela –, Deus lhe responde [favoravelmente] no que quer que tenha pedido. Então, dize a Seus fiéis servidores para 'ouvir a Deus e a Seu Mensageiro quando eles vos chamam...', uma vez que nem Deus – glorificado seja Ele – nem Seu

---

13 *Ayyām al-sha'n*, p. 72. Para um resumo de algumas partes deste trabalho em relação ao Tempo, ver Apêndice A.

14 *Fut.* IV:101.

15 *K. al-'Abādilah* 76:8. Ver a futura edição crítica de Pablo Beneito e Suad Hakim.

> Enviado vos chamam senão 'em direção ao que vos traz vida'" (Corão, 8:24).[16]

Em última análise, segundo Ibn 'Arabī, na realidade, é sempre Deus que está sendo chamado, posto que "não há outro senão Ele". Entretanto, sob um ponto de vista limitado, esta perspectiva é rapidamente obscurecida pelas inúmeras formas de manifestação. Consequentemente, há diferentes graus de sabedoria no pedir. Como há sempre uma resposta divina ao nosso pedido, é essencial tornar-se consciente do que exatamente está sendo pedido. Em uma passagem esclarecedora, Ibn 'Arabī descreve esta íntima e gradativa conscientização chamando-a de Proximidade divina. Depois de comentar o verso corânico: "Estou próximo, atendo ao chamado daquele que chama quando ele Me chama" (Corão, 2:186), ele escreve:

> "Com relação à Sua atribuição de Sua proximidade ao ouvir e responder, isto é análogo à Sua descrição como estando 'mais próximo' do homem 'que sua veia jugular' (Corão, 50:16). Aqui, Ele compara Sua proximidade em relação a Seu servidor com a proximidade do homem em relação a si mesmo. Quando o homem pede a si mesmo para fazer algo e depois o faz, não há lapso de tempo entre o pedido e a resposta, que é simplesmente ouvir. O momento do pedir é, na verdade, o momento do responder. Assim, a proximidade de Deus ao responder a Seu servidor é (idêntica a) a proximidade do servidor ao responder a si mesmo. Dessa forma, [podemos dizer que] o que ele pede de si mesmo, em qualquer estado, é semelhante ao que ele pede de seu Senhor como uma necessidade específica".[17]

---

16 *K. al-'Abādila* 76:5.

17 *Fut.* IV:255.

Os *Awrād* de Ibn 'Arabī são um maravilhoso exemplo da possibilidade da oração teofânica. Subjacente aos pedidos específicos, há um anseio fundamental: ver as coisas tais como são pela perspectiva do Real. Neste sentido, as orações são igualmente uma forma de invocação ou lembrança (*dhikr*). Ao recitá-las, o servidor não está entregue à mera repetição mecânica mas reconhece conscientemente a Presença de Deus, abre-se à força total da Revelação divina e prova seus múltiplos "sabores". Este ato de oração torna-se uma lembrança mútua, como nas palavras de Deus: "Lembra-te de Mim e Eu Me lembrarei de ti" (Corão, 2:152).

Escolhemos chamar estas preces de *Os Sete Dias do Coração* para enfatizar a intimidade desta relação. O texto visível é somente uma parte da conversa e sua recitação tenciona levar o recitador a um diálogo íntimo com Deus, invocando-O e sendo invocado, convidando-O e sendo convidado. Este é um "retorno" à Realidade, uma "conversão" (*tawba*) que requer constante reiteração. Todas as tradições enfatizam o fato de que isto não se adquire por meio de um processo intelectual normal, mas exige um trabalho no centro mais profundo do próprio ser, designado como "o coração" (*qalb*). O coração é capaz de agir como um espelho voltando-se para a revelação (*taqallub*, da mesma raiz de *qalb*) divina, transformando-se segundo o modo em que Ele Se faz conhecido. A capacidade do coração de "ver" é precisamente o que faz a prece passar de um ato repetitivo para uma conversa significativa.

> "Sendo [a oração] uma conversa íntima secreta, ela é uma invocação ou lembrança (*dhikr*). E aquele que se lembra de Deus, encontra-se com Ele sentado e Deus com ele se senta, conforme a tradição divina: 'Eu me sento com aquele que se lembra de

Mim'. Quem se encontra sentado com Aquele do qual se lembra e é capaz de visão interior, vê seu "companheiro de meditação". Isto é testemunho (*mushāhada*) e visão (*ru'ya*). Se ele não tiver esta capacidade interior, não O verá. É da presença ou ausência da visão na oração que o orador conhecerá seu próprio grau espiritual."[18]

3. OS TRÊS MUNDOS E AS TRÊS PESSOAS

Ao longo das orações, há referências a dois aspectos fundamentais da existência: de um lado, o domínio visível ou testemunhado (*shuhūd*), o mundo da Criação (*ḫalq*) e o do Reino (*mulk*), do outro, o domínio Invisível ou Oculto (*ghayb*), o mundo do Comando (*amr*) e o da Realeza (*malakūt*).[19] Estes correspondem a "dia" e "noite" respectivamente.[20] Nos ensinamentos de Ibn 'Arabī, entre os dois domínios, há um istmo (*barzaḫ*) ou limiar que tanto os une quanto os mantém separados: é o lugar no qual os significados tomam forma e as formas ganham significado.

Ibn 'Arabī chama este lugar de "mundo do Poder Compelidor" (*jabarūt*) ou Imaginação (*ḫayāl*). É um reino em que a magnificência da Presença divina é testemunhada em virtude da visão interior, em que o orador é convidado à conversação. A oração real acontece neste istmo entre os mundos visível e invisível.

---

18 *Fuṣūṣ al-Ḥikam*, Capítulo de Muḥammad, p. 223; *Wisdom*, p. 128; *Bezels*, p. 280; *Chatons*, p. 706.

19 Embora os termos expressem diferentes relações, podem ser tomados como sinônimos. Ver *Fut.* II:129 para definição de *malakūt* como "o mundo dos significados e do Oculto" e *mulk* como "o mundo do testemunho".

20 Ver Capítulo 69 do *al-Futūḥāt al-Makkiyya*, traduzido por Chittick, SDG, pp. 263-5.

Estes dois reinos podem ser igualmente vistos como o que está presente para nós aqui e agora (*shuhūd*) em oposição ao que está ausente de nós (*ghayb*). Ibn 'Arabī define o invisível ou ausente (*ghayb*) como "aquilo de ti que Deus ocultou de ti, embora não de Si mesmo, e que, portanto, O indica". A terceira pessoa (ele) indica alguém que não está aqui, enquanto a primeira e a segunda pessoas (eu e tu) referem-se aos que estão presentes e visíveis na conversação.[21] A contemplação desta distinção inaugura um novo domínio: entrar em conversa com Deus é passar da aparente ausência à Sua Presença. Isso transforma o Ausente ("Ele") em Presente ("Tu"), para que o orador possa dirigir-se a Ele. Ao mesmo tempo, há sempre aquele aspecto "Dele" que permanece oculto e elude "minha" compreensão, pois Ele é Majestoso demais para ser abarcado. Todavia, no essencial mistério da Unidade, o "Tu" que escuta não é outro que o "Eu" que fala. Deus está, assim, simultaneamente presente e ausente: Eu/Tu e Ele. Como diz Ibn 'Arabī: "... e entre eles [os Nomes e Atributos divinos] estão os pronomes pessoais da primeira, segunda e terceira pessoas".[22]

Podemos falar, na verdade, em três mundos: Reino (*mulk*), Realeza (*malakūt*) e Poder Impelidor (*jabarūt*) os quais, em certo sentido, correspondem às três pessoas. Em nossa perspectiva, o "Eu" refere-se ao Reino (*mulk*), aquele que está presente para mim e como eu, enquanto o "Ele" refere-se à Realeza (*malakūt*),

---

21 A língua árabe, diferentemente do inglês e do português, reflete esta polaridade do presente-ausente. Em inglês, "eu" e "tu" não parecem estar semanticamente relacionados mas, no árabe, há uma clara correlação entre as letras compartilhadas *alif* ("a") e *nūn* ("n") nas palavras *ana* ("eu") e *anta*, *anti* ("tu").

22 *Fut.* IV:196. Em árabe a primeira pessoa é chamada de "orador" (*mutakallim*), a terceira é o "ausente" (*ghā'ib*) e a segunda é o "ouvinte" (*muḫāṭab*).

o reino do invisível. O "Tu" é, assim, uma ponte entre os dois, um istmo, do mesmo modo que o domínio do Poder Impelidor (*jabarūt*) separa e une os dois mundos.

"Ele" (no árabe, *hū*), a terceira pessoa do singular, indica "o Oculto que não pode ser contemplado. Não é nem manifesto, nem um lugar de manifestação; é o Procurado que a língua busca elucidar."[23] Refere-se diretamente à Própria Essência, sem de modo algum qualificá-La, nem mesmo como inqualificável.

Apesar de indicado como "oculta" ou "ausente", esta Ele-tude[24] ou Ipseidade (*huwiyya*) permeia todas as coisas: "Nada se torna manifesto no adorador e no adorado a não ser Sua Ipseidade... Ele em si adora e é adorado".[25] Muitas formulações no *Awrād* são baseadas neste reconhecimento. Por exemplo: "Ó Tu que és o Ilimitado 'Ele', enquanto eu sou o 'ele' limitado! Ó 'Ele', além do qual não há outro!".[26]

Há vários modos pelos quais o autor se dirige a Deus no *Awrād*: às vezes como "Senhor" (*rabb*), às vezes como "Mestre" (*sayyid*), às vezes por um Nome divino particular, cuja qualidade especial é então invocada. Sem dúvida, os mais frequentes são *ilāhī* (traduzido por "ó meu Deus") e *Allāhumma* ("ó Deus"). Estes não são simplesmente usados como variação estilística, mas são um modo preciso de dirigir-se a Ele. O primeiro estabelece uma relação entre o grau de divindade (*ulūhiyya*) e

---

23 *Fut.* II:128

24 No inglês *He-ness* (N.T.).

25 *Fut.* IV:102. Ver também *Fut.* II:529.

26 Ver "Prece da véspera de domingo", p. 53. Em um curto e surpreendente poema no *Futūḥāt*, Ibn 'Arabī consegue traduzir a absoluta perplexidade das três pessoas. Ver *Fut.* I:497, traduzido por R. Austin em *Prayer & Contemplation*, p. 16. Ver também M. Chodkiewicz, *An Ocean Without Shore*, p. 36.

aquele sobre quem se exerce a divindade (*ma'lūh*). Assim como o Nome Senhor (*rabb*), o Nome *ilāh* requer um aparente "outro", uma criatura ante a qual Ele pode ser Deus (daí, o uso de "meu Deus"). O Corão, por exemplo, fala do "Deus da humanidade" (*ilāh al-nās*). O segundo, *Allāhumma*, é uma forma de invocação do nome *Allāh*. Isto indica a absoluta divindade transcendente (*ulūha*), pela qual nenhum outro senão Ele pode ser qualificado. Tampouco pode Ele ser qualificado como o "*Allāh* de alguém", uma vez que o nome *Allāh* une todos os Nomes e rejeita essa relação específica.[27]

4. A ESTRUTURA DO *AWRĀD*

À primeira vista, pode parecer que as orações foram organizadas de modo simples: quatorze orações, uma para cada noite e dia da semana. Haveria uma estrutura mais profunda? Enquanto não há uma explicação para o porquê das orações estarem dispostas desta forma, podemos encontrar várias indicações em outras partes da obra de Ibn 'Arabī que nos permitem perceber uma extraordinária estrutura subjacente.

Primeiramente, Ibn 'Arabī considera o ciclo semanal como sagrado. É um Sinal divino que alude à realidade do Ser. Os sete dias e noites expressam aspectos do Ser ou realidades espirituais que, quando tomadas conjuntamente, formam um todo completo e abarcam toda a existência. Como veremos, os sete dias têm uma sutil relação com sete profetas.

[27] Estes dois modos de se dirigir a Ele podem ser comparados com as palavras hebraicas bíblicas, *eloha* e *elohim*, que são frequentemente traduzidas por "Deus" e "o Senhor Deus", respectivamente.

O número 14 em si é carregado de significado. Em relação ao ciclo lunar de 28 dias, 14 representa a lua cheia, símbolo da mais completa beleza, na qual a luz do sol é refletida. É análogo à alma humana perfeita (*nafs kāmila*), que é totalmente receptiva à ação da luz do Espírito divino. Na língua árabe, a verdadeira beleza é simbolizada por "uma donzela de quatorze anos". Em seu comentário ao quadragésimo poema do *Tarjumān al-ashwāq*, Ibn 'Arabī explica outro significado ao atribuir o número 14 a uma jovem: "O atributo da perfeição é a ela relacionado, então o mais perfeito dos números, o número 4, é dado a ela, e isso também é 10 (1+2+3+4=10). Disso vem 14 (4+10). O número 4, portanto, não apenas contém 3, 2 e 1, como também o número 10."[28] Em termos matemáticos, os números 4 e 14 são ambos divisores de 28, que era conhecido pelos gregos como o segundo número perfeito, sendo a soma de seus divisores (1+2+4+7+14).

Pode-se também ver o 14 como o dobro de 7, o que faz lembrar os 7 versos da *Fātiḥa* que são conhecidos como os "sete redobrados" (*sab' matānī*), ou os sete céus e as sete terras da cosmologia islâmica, que incluem todos os mundos de manifestação do mais alto ao mais baixo. O próprio número 7 alicerça uma parte significativa dos ensinamentos de Ibn 'Arabī e pode ser encontrado em textos relacionados à ascensão espiritual, aos "climas" ou "regiões" espirituais e às faculdades humanas.

---

28 *Dhaḫā ir al-a'lāq*, p. 443. Ele está também fazendo alusão à doutrina pitagórica do *tetraktys* ou tetraedro: esta é a primeira forma tridimensional que se encaixa perfeitamente dentro de uma esfera, com suas 4 faces, 6 pontas e quatro vértices somando 14. Os pitagóricos, especificamente, associavam o número 4 à harmonia.

5. OS SETE DIAS E AS SETE NOITES

Os sete dias da semana são um antigo símbolo do ciclo completo da Criação. Na Bíblia e no Corão, há seis dias de ação divina seguidos por um dia de descanso. Sua associação com os sete planetas do nosso sistema solar permeou muitas línguas ocidentais. Enquanto o hebraico e o árabe mantiveram um sistema numérico básico, algumas línguas europeias nomearam cada dia segundo um planeta:

	Planeta	Inglês	Fra./Esp.	Árabe	Profeta (segundo Ibn 'Arabī)
1	Sol	Sunday	dimanche domingo	*yawm al-aḥad*	IDRIS
2	Lua	Monday	lundi lunes	*yawm al-ithnayn*	ADÃO
3	Marte	Tuesday	mardi martes	*yawm al-thulathā*	AARÃO & JOÃO
4	Mercúrio	Wednesday	mercredi miércoles	*yawm al-arbi'ā'*	JESUS
5	Júpiter	Thursday	jeudi jueves	*yawm al-ḫamīs*	MOISÉS
6	Vênus	Friday	vendredi viernes	*yawm al-jumu'a*	JOSÉ
7	Saturno	Saturday	samedi sábado	*yawm al-sabt*	ABRAÃO

A duradoura associação dos profetas aos planetas é aqui extendida aos dias da semana. Para Ibn 'Arabī, há dois ciclos envolvendo os sete profetas (ou oito, se incluirmos João): a ordem dos planetas no universo físico e sua ordem em termos de dias da semana. Seja considerando o espaço físico ou temporal, ele vê estes modelos da humanidade como realidades espirituais que dão significado a ambas as dimensões.

A dimensão espiritual da ordem física é mostrada na tradicional viagem noturna de Muḥammad (*al-isrā'*)[29] ou sua ascensão celestial (*al-mi'rāj*): quando ascendeu pelos sete céus, ele passou por cada esfera, encontrando em cada uma seu profeta correspondente. Esta jornada corporal do Profeta é re-atualizada espiritualmente pelos santos.

Em pelo menos quatro obras distintas, Ibn 'Arabī relata, em tom autobiográfico, o modo como ele próprio realizou a viagem noturna, e é nítido que ela constitui uma das bases de seus ensinamentos.[30]

Da mesma forma, há uma dimensão espiritual para os dias da semana, similarmente ligada aos mesmos sete profetas. Estes dias espirituais, diz Ibn 'Arabī, são "momentos" em que recebemos sabedoria espiritual, contemplações e mistérios, tal como o corpo recebe seu alimento durante o dia. Em muitos trabalhos, ele especificamente menciona esta dimensão interior para o ciclo

---

29 Esta viagem de Muḥammad é relatada no Corão, *surat* (capítulo) *al-Isrā'* (N.T.).

30 Ibn 'Arabī relata sua primeira experiência da ascensão celestial (*mi'rāj*), em 594 H., em Fez. Narrações mais detalhadas aparecem no *Kittab al-Isrā*, escrito logo em seguida, no *Tanazzulāt al-Mawṣiliyya* (601 H.), R. *al-Anwār* (602 H.) e, logicamente, no *Futūḥāt al-makkiyya*, nos capítulos 167 e 367 (escritos ao longo de muitos anos). Uma pesquisa mais completa sobre o relacionamento dos dias, profetas, Nomes divinos e letras deveria levar em consideração todos estes livros. Ver S.Hirtenstein, *The Unlimited Mercifier*, pp. 115-23.

semanal. A seguinte passagem do seu *Mawāqi' al-nujūm*, composto em 595/1199, um ano após sua grande ascensão em Fez, descreve como o conhecimento dos segredos espirituais pode ser concedido "àquele que possui um coração":

> "Sabe, meu filho, que para cada dia [da semana] há um profeta dentre os profetas, que faz descer um segredo ao coração da testemunha confirmadora, um segredo que lhe dá alegria durante o dia e pelo qual ele sabe algo daquilo que requer ser conhecido. Isto só acontece para aqueles que possuem um coração.
>
> Assim, no primeiro dia [domingo], é Idris [Enoc, no árabe, *Idrīs*] que se dirige a ela com um segredo, revelando-lhe as causas das coisas, antes da existência de seus efeitos. Na segunda-feira, é Adão (*Adam*) que se dirige a ela com um segredo pelo qual ela vem a conhecer as razões pelas quais as estações se alternam no caminho de cada buscador e o modo como Deus Se revela. Na terça-feira, é Aarão (*Hārūn*), ou João, que se dirige a ela com um segredo pelo qual dá a conhecer o que é benéfico ou maléfico com respeito às influências do mundo do Invisível que o atingem. Na quarta-feira, é Jesus (*'Isā*) que se dirige a ela com um segredo pelo qual ela vem a conhecer a conclusão das estações, como e por quem são seladas. Na quinta-feira, é Moisés (*Mūsā*) que se dirige a ela com um segredo pelo qual ela vem a conhecer as prescrições legais e os mistérios da conversa íntima. Na sexta-feira, é José (*Yūsuf*) que se dirige a ela com um segredo pelo qual ela vem a conhecer os mistérios da ascensão constante através das estações, o decreto [divino] e onde este é estabelecido. E, no sábado, é Abraão (*Ibrāhīm*) que se dirige a ela com um segredo pelo qual ela vem a conhecer como lidar com os inimigos e quando deve lutar contra eles. E esta é a presença dos Substitutos (*abdāl*)".[31]

---

31 *Mawāqi' al-nujūm*, p. 157.

Domingo (o "primeiro dia" ou o "dia do Um"[32] – *al-aḥad*) é ligado a Idris, que é associado ao Sol. Da mesma forma que o Sol é o quarto céu e o centro dos sete planetas no espaço físico,[33] os segredos que Idris revela, a saber, "as causas das coisas antes da existência de seus efeitos", mostra sua privilegiada posição de Pólo celestial (*quṭb*).[34] Ao mesmo tempo, encontramo-lo aqui como o início do ciclo, o "fundador das sabedorias", como é chamado no *Futūḥāt al-Makkiyya*, com uma forte associação ao princípio da *aḥadiyya* (unicidade). Há muitas passagens a respeito na obra de Ibn 'Arabī,[35] especialmente as que discutem o conhecimento da unidade (*tawḥīd*).[36] No entanto, para evitar qualquer fixidez, Ibn 'Arabī também especifica que estes não são os únicos mistérios revelados por cada profeta, são meramente os primeiros.

---

32 No inglês, "*the One*". Escolhemos traduzir esse termo em português por "o Um", em preferência a "o Uno" ou a "o Único", sentidos também presentes tanto no termo em inglês quanto no árabe "*al-aḥad*", para privilegiar a relação com o número um e a unidade que ele traduz no simbolismo aritmético, fundamental no contexto. Além disso, sendo "um", em português, um substantivo e "uno" e "único", adjetivos – problema inexistente no inglês e no árabe – demos privilégio ao substantivo, isto é, à designação do ser mais que do atributo (N.T.).

33 Segundo a presente ordenação (em outras passagens, Ibn 'Arabī também utiliza outras ordenações), temos: primeiro céu (ou esfera celeste): lua, segundo: mercúrio, terceiro: vênus, quarto: sol, quinto: marte, sexto: júpiter e sétimo: saturno (N.T.).

34 Na *R. al-Anwār*, Ibn 'Arabī escreve sobre este grau no qual "lhe é dado o poder dos símbolos e a visão do todo, assim como autoridade sobre o velamento e o desvelamento" (ver *Journey to the Lord of Power*, p. 43).

35 Ver, por exemplo, *Fut.*I:152-7 e III:348-9; *Fusus al-Hikam*, pp. 75-80 (*Wisdom*, pp. 35-9; *Bezels*, pp. 82-9); ou *Tanazzulat al-Mawsiliyya*, pp.112ff. Comparar também *Fut.*II: 421-56 no *tawajjuhat al-asma'*.

36 Como Idris explicou a Ibn 'Arabī, durante sua ascensão espiritual: "Eu era um profeta que os chamava para a palavra do *tawḥīd*, não para o próprio *tawḥīd*, pois ninguém jamais negou o *tawḥīd* " (*Fut.* III:348).

Em seu livro sobre o significado do Selo dos Santos, o *'Anqā' Mugrib*, composto no mesmo período do *Mawāqi' al-nujūm*, ele reitera esta profética correlação:

> "Se o teu dia é domingo, Idris é teu Companheiro; portanto, não te preocupes com ninguém! E se for segunda-feira, Adão é teu Companheiro no intervalo dos dois mundos. Se for terça-feira, teu Companheiro será Aarão; portanto, segue a Reta Guia e João [Batista] será teu Íntimo; assim, singra na Pureza e no Contentamento. Se for quarta-feira, teu Companheiro será Jesus. Mantém-te na vida santa e persevera no deserto. Se for quinta-feira, será Moisés: o véu é suspenso e és conduzido pelo modo de um desvelamento, não [por] qualquer homem ou fogo; e, na verdade, o Anjo regozijou-se [pela menção do Nome de Deus], enquanto o Diabo retirou-se. E se teu dia é sexta-feira, então José, possuidor das qualidades do ardentemente amado, é teu Companheiro. Sendo sábado, será Abraão, portanto, apressa-te em honrar teu Convidado antes que [Ele] desapareça. Estes são os Dias dos Gnósticos (*ayyām al-'ārifīn*) e das radiantes estrelas das Esferas dos Caminhantes".[37]

Ibn 'Arabī confere particular importância à quarta-feira, o quarto dos sete dias.[38] Ele a vê como o dia da Luz (*nūr*) e o centro da semana, assim como o Sol ocupa a quarta posição, central, entre os planetas físicos. Como quarta-feira é o dia de Jesus, isso alude igualmente à sua posição central no Tempo, como o Selo da Santidade Universal.[39] Há indicações sobre a importância

---

37 *Anqā' Mugrib*, traduzido por G. Elmore com o nome de *Islamic Sainthood in the Fullness of Time*, pp. 439-41.

38 É o único dia em que todas as realidades espirituais das esferas participam. Ver Apêndice B.

39 Assim como Muḥammad é o "Selo da Profecia", isto é, o último dos profetas,

deste princípio profético ao longo das orações diárias do *Awrād*. A mais evidente, está na nota marginal da "Prece da manhã de terça-feira", em que se lê que dois homens extraordinários apareceram a Ibn 'Arabī e um deles lhe entregou esta oração. Embora não haja menção explícita sobre quem eram tais homens, pode-se, talvez, identificá-los como os profetas associados à terça-feira, Aarão e João.[40] Ademais, em seu *Ayyām al-sha'n*, Ibn 'Arabī estabelece uma relação mais complexa entre estes 7 profetas e cada dia da semana (ver Apêndice B).

Nas tradições judaica e islâmica, cada dia começa ao anoitecer e não no amanhecer. A precedência da noite já aparece atestada no quinto verso do Gênesis, quando o primeiro "dia" da Criação é descrito: "E Deus chamou a luz de dia e à escuridão deu o nome de noite: e a noite e a manhã foram o primeiro dia". Com a introdução do relógio e sua rigorosa divisão dos dias começando à meia-noite, este ritmo natural deixou de ser evidente, assim como a base do nosso ciclo diário de vida.

Ibn 'Arabī associa a noite ao mundo Oculto (*ghayb*), no qual a alma aparece em sua verdadeira condição, uma lua refletindo a pura luz do Espírito divino. Enquanto os dias pertencem aos profetas, as noites correspondem aos santos (*awliyā'*). O conhecimento contemplativo, que no ensinamento de Ibn 'Arabī é o alicerce de todos os outros conhecimentos e prerrogativa dos santos, é a ciência das letras.[41] Não é, portanto, surpresa que a

Jesus é, para Ibn 'Arabī, o "Selo da Santidade Universal". Ver a respeito M. Chodkiewicz, *Le Sceau des Saints*, Gallimard, 1986; versão inglesa, *The Seal of the Saints* (N.T.).

40 Ver "Prece da manhã de terça-feira".

41 Ver *K. al-Mīm wa-l-wāw wa-l-nūn*, *Rasā'il*, p. 2.

chave para a compreensão da estrutura das orações da noite (preces da véspera)[42] esteja no alfabeto árabe.

Em uma obra atribuída a Ibn 'Arabī pouco conhecida, *Tawajjuhāt al-ḥurūf*, há uma oração para cada letra do alfabeto (ver Apêndice E). O texto começa com a letra *alif* e termina com a letra dupla *lām-alif*, perfazendo um ciclo de vinte e nove letras, que difere do alfabeto padrão de vinte e oito. Possivelmente este ciclo foi concebido para indicar que o começo e o fim estão no mesmo lugar, o *alif* representando a Própria Essência. A composição letra-orações não é sem precedente: nos Salmos bíblicos podemos encontrar uma (Nº 119) que contém vinte e duas orações, cada uma dedicada a uma das vinte e duas letras do alfabeto hebraico. Cada linha e cada termo chave da oração começam com a respectiva letra. No *Tawajjuhāt*, há também uma forte ênfase no uso da letra na oração; por exemplo, podem encontrar-se mais de setenta usos da letra *qāf* no espaço de algumas poucas linhas. Não é somente a articulação física da letra que é importante: Ibn 'Arabī estabelece uma conexão entre as vinte e oito letras árabes e os vinte e oito dias do ciclo lunar, em que cada letra tem um "temperamento" particular e um significado principial[43] em termos do ciclo cosmológico total.[44]

No *Awrād*, quatorze destas orações do *Tawajjuhāt* foram combinadas para compor sete orações "duplas". Cada oração de véspera do *Awrād* é, portanto, composta de duas orações-letras, interligadas por versos corânicos. Haveria aí uma ordem subja-

---

42 Se o dia começa ao anoitecer, o domingo, por exemplo, começa no sábado à noite; a oração correspondente passa, portanto, a ser chamada na presente tradução de "prece da véspera de domingo". (N.T.).

43 Termo cunhado por René Guénon para traduzir o que pertence ao mundo dos princípios, isto é, as realidades além do mundo manifesto (N.T.).

44 Ver o quadro feito por Titus Burckhardt em *Mystical Astrology according to Ibn 'Arabī*. O quadro aqui presente foi extraído do *Fut*. II: 421-56.

cente? Será que as combinações das letras são baseadas no som? Ou há, ainda, outro fator determinando esta seleção? A resposta pode ser encontrada na correspondência entre as letras e os valores numéricos, comumente conhecidos como "sistema *abjad*" (ver Apêndice C). O quadro abaixo explica as combinações dispondo as letras e seus valores em uma grade de sete por quatro (de acordo com o sistema *abjad* Oriental):

1 *alif*	2 *bā'*	3 *jīm*	4 *dāl*	5 *hā'*	6 *wāw*	7 *zāy*
8 *ḥā'*	9 *ṭā'*	10 *yā'*	20 *kāf*	30 *lām*	40 *mīm*	50 *nūn*
60 *sīn*	70 *'ayn*	80 *fā'*	90 *ṣād*	100 *qāf*	200 *rā'*	300 *shīn*
400 *tā'*	500 *thā'*	600 *ḫā'*	700 *dhāl*	800 *ḍād*	900 *ẓā'*	1000 *ghayn*

Considerando cada coluna em relação a um dos sete dias, encontram-se as seguintes combinações de letras usadas para as orações das vésperas:

Qua	Qui	Sex	Sáb	Dom	Seg	Ter
alif	*bā'*	*jīm*	*dāl*	*hā'*	*wāw*	*shīn*
sīn	*thā'*	*ḫā'*	*ṣād*	*qāf*	*rā'*	*ghayn*

Pode parecer estranho que somente quatorze letras tenham sido usadas e que o ciclo semanal comece aqui em uma véspera de quarta-feira. Por que não foram usadas todas as quatro letra-orações? Por que as orações de véspera não começam na véspera de domingo, como as orações do dia? Pode-se encontrar esta resposta considerando-se o padrão da semana e a importância do simbolismo das letras.

Ao se começar a semana pelo modo usual, com domingo, encontra-se a letra *alif* no coração da semana, no quarto dia, com três dias de cada lado. Ibn 'Arabī considera o *alif* a letra que indica a Essência divina, o centro ou "coração" de todas as coisas. Isto é devido à sua forma gráfica (em árabe, uma linha reta vertical, livre de curvatura e destacada das outras letras), ao seu valor numérico (igual a 1) e ao fato de que é a primeira letra do alfabeto. Além disso, podemos ver um importante padrão numérico: 6 letras são relacionadas aos primeiros 3 dias (domingo, segunda, terça) e outras 6, aos 3 últimos (quinta, sexta, sábado). Como o número 6 é igual à letra *wāw*, a semana toda pode, portanto, ser lida como *w* (*wāw*) + *ā* (*alif*) + *w* (*wāw*), que é como se soletra e se pronuncia a letra final do alfabeto, *wāw*. Até a letra extra da quarta-feira, *sīn*, possui valor 60, ou 6 na coluna de 10 (ao reduzir o número à sua unidade, torna-se 6, que outra vez, iguala-se ao *wāw*). Na doutrina de Ibn 'Arabī, o *wāw* alude ao grau final de existência, o Homem Perfeito, no qual todos os 27 graus de existência anteriores estão reunidos e resumidos. (Para uma explicação mais completa do *alif* e *wāw*, ver Apêndice D). Outros aspectos destas letras podem também ser observados: por exemplo, a variedade de letras se estende do *alif* (1, representando a Essência) ao *gayn* (1.000, representando a multiplicidade).[45]

---

[45] Em termos de seu valor numérico (ver Apêndice C), estas combinações de letras também têm expressivo significado. Usando o chamado sistema *abjad* menor

Podemos resumir a estrutura interna das orações na seguinte tabela:

	Dom	Seg	Ter	Qua	Qui	Sex	Sáb
Véspera	*hā'/ qāf*	*wāw/ rā'*	*shīn/ ghayn*	*alif/ sīn*	*bā'/ thā'*	*jīm/ ḥā'*	*dāl/ ṣād*
Dia	Idris	Adão	Aarão/ João	Jesus	Moisés	José	Abraão

Por esta tabela podemos também observar que a quarta-feira não é somente associada à letra *alif*, mas é também o dia de Jesus. Sua posição no centro do ciclo temporal é paralela à posição de Idris no centro das esferas físicas.

6. O DIA DE MUḤAMMAD

Permanece uma questão fundamental. Se cada dia é associado a um dos sete profetas, qual é o papel do Profeta Muḥammad? Estaria ele aqui especificamente relacionado a um dos dias da semana? A resposta pode ser encontrada no início da obra intitulada *Ayyām al-sha'n*:

(que reduz todos os números à sua unidade), encontramos o seguinte: (quarta) 1 + 6 = 7; (quinta) 2 + 5 = 7; (sexta) 3 + 6 = 9; (sábado) 4 + 9 = 13 [13 é igual a 4, pois 1+3=4]; (domingo) 5 + 1 = 6; (segunda) 6 + 2 = 8; (terça) 3 +1 = 4. Se os totais são adicionados, a soma é 45, que é o valor numérico do nome de Adão (1+ 4+ 4). Este número, Ibn 'Arabī usa para aludir à perfeição da forma adâmica divina e das ciências que Deus ensinou a Adão na seguinte passagem: "As matrizes do conhecimento de Deus (*ummuhāt al-'ilm billāh*), na medida em que Ele é independente dos mundos, são 45 ciências" (*K.al-Ifāda*, Manisa 1183 fol.114 a).

> "Que a benção de Deus esteja sobre aquele cujo dia é o dia conhecido (*al-a'rūf*), cujo dia, em termos de efeito visível é terça-feira e em termos de especialidade essencial é sexta-feira. Suas sutilezas permeiam todos os dias e suas realidades derramam-se sobre cada hora".[46]

Há aqui três modos de ver o "dia" de Muḥammad. O primeiro refere-se ao "conhecido" (*ma'rūf*) ou dia universal, sem qualquer diferenciação, a unidade que constitui "todo dia". A realidade muhammadiana não é relacionada a um dia específico porque ele é considerado o princípio abrangente. Seu dia é a própria unidade do "dia", em qualquer nível que possa ser considerado, o minuto, a hora, a própria semana.[47] Por outro lado, os dias específicos, terça e sexta podem ser relacionados ao Profeta de certo modo. Terça, o terceiro dia, expressa os princípios do número 3, o primeiro dos números ímpares ou números singulares, e a conexão entre o Profeta e a singularidade é citada no capítulo "Muḥammad" do *Fuṣūṣ al-Ḥikam*:

> "Sua sabedoria é a singularidade (*fardiyya*) porque ele é o mais perfeito dos seres existenciados no seio do gênero humano e, portanto, a ordem começa com ele e é selada por ele. Pois ele 'já era um profeta enquanto Adão ainda estava entre a água e

---

46 *Ayyām al-sha'n*, p. 1.

47 Ibn 'Arabī é específico sobre este ponto no começo do *Ayyām al-sha'n*: "Chamei este livro de *Ayyām al-sha'n* (Os Dias da Divina Obra) pois é o que acontece no menor dia do cosmos em termos de decretos e efeitos divinos, em termos de composição e decomposição, de ascensão e descida e de existência visível e invisível. Ele, exaltado seja, referiu-se ao 'menor dia' como o dia que é universalmente conhecido, usando uma expressão totalmente abrangente, para que os receptores pudessem entender, pois Ele disse: 'Ele é requisitado por todo aquele que está nos céus e na terra; a cada dia, Ele se ocupa de uma nova obra'" (Corão, 55:29).

> a argila' e, em seguida, do ponto de vista de sua constituição elemental, terrestre, ele se tornou o Selo dos Profetas.
>
> "O primeiro dos números ímpares é o três, do qual todos os outros números ímpares são derivados. Ele é o símbolo mais perfeito de seu Senhor, pois lhe foi dada a 'totalidade das Palavras' (*jawāmi' al-kalim*), que são os conteúdos dos Nomes [que Deus ensinou a] Adão".[48]

Sexta (*yawm al-jumu'a*, literalmente o dia de reunião) expressa o princípio de síntese (*jam'*). Muḥammad é o Selo que sintetiza todas as mensagens proféticas anteriores e o modelo da perfeição humana que une todas as modalidades de perfeição em si mesmo.

Se as orações de véspera do *Awrād* foram codificadas para ter como cifra "*wāw*"[49], a letra-nome do Homem Perfeito, podemos também considerar os sete profetas das orações do dia como manifestações ou modalidades deste mesmo Homem. Esta estrutura mais profunda, uma rede de letras e figuras proféticas apontando para a perfeição muhammadiana, parece inteiramente deliberada, embora permaneçam ainda algumas questões. Teriam as duas letras de cada oração de véspera alguma afinidade especial ou conexão entre elas, no texto da própria oração?[50] Haveria uma particular correlação entre elas e o profeta do dia?

---

48 *Fuṣūṣ al-Ḥikam*, p. 214 (*Wisdom*, p. 116; *Bezels*, p. 272; *Chatons*, p. 687).

49 Ver *supra*, tópico 5, "Como o número 6 é igual à letra *wāw*, a semana toda pode, portanto, ser lida como *w* (*wāw*) + *ā* (*alif*) + *w* (*wāw*), que é como se soletra e se pronuncia a letra final do alfabeto, *wāw*." (N.T.).

50 Por exemplo, podemos observar que as duas letras da véspera de domingo, *ha'eqaf*, podem ser combinadas para produzir a palavra *qahr* (subjugação ou avassalador), que se destaca no texto dessa prece. Na véspera de segunda-feira, *waw* e *ra* são combinados para formar *ruh* (espírito) ou *rawh* (alegria).

É possível, embora tudo isso seja muito mais uma questão de contemplação que de especulação.

7. O *AWRĀD*: MANUSCRITOS E TRADUÇÃO

Há inúmeros manuscritos dessas orações, o que denota o fato de que elas têm sido amplamente conhecidas e reverenciadas no mundo islâmico há séculos. Osman Yahia, em seu *Classification,* listou quase quarenta manuscritos (RG 64), embora isso possa, de fato, representar somente uma pequena fração do total existente. Outros estão listados sob diferentes títulos (por exemplo, RG16a), ou ainda encontrados em coleções e bibliotecas que Yahia não consultou. Outros, ainda, talvez pertençam a particulares. Dos manuscritos que conhecemos até agora, nenhum remonta a período anterior ao século XII da Hégira, isto é, há cerca de 300 anos. Utilizamos vários, incluindo um que indica uma conexão direta com o próprio Ibn 'Arabī. O texto em si nos parece completo e leituras variantes foram apontadas onde pareciam pertinentes. Uma edição crítica requereria uma pesquisa mais aprofundada, o que, na ausência de cópias mais antigas, não garantiria maior confiabilidade (ver "Apêndice E" para uma análise das cópias consultadas).

Deve-se enfatizar que o texto árabe é extraordinariamente poético e complexo: um entrelaçamento de rima e ritmo que parece ter sido inspirado na prosa corânica e que não pode ser transmitido pela tradução. Há também uma impressionante riqueza de alusões ao Corão e aos *ahadith*[51] indicadas em itálico

[51] *Ahadith* é o plural de *hadith*, termo já dicionarizado em português, que designa a coletânea de ditos e atos do Profeta.

no texto e com citações mais completas nas notas. Como base, usamos a famosa tradução do Corão de Arberry,[52] porém houve uma adaptação ao contexto, pela maneira com a qual Ibn 'Arabī trabalha os significados implícitos da língua árabe.

Como no caso do Corão, não pode haver substituto para os ricos sons e significados da língua original, nem tradução que possa substituir a recitação do árabe. A extrema beleza do original, sua elegância de estilo, as interconexões léxicas tecidas por Ibn 'Arabī, a sublimidade da sabedoria implícita – tudo isto confirma o *Awrād* como uma singular obra-prima espiritual. Acima de tudo são orações; quer sejam entendidas como atos de devoção que podem ser realizados antes ou depois de outras ações, quer sejam vistas como a incessante oração do coração em contemplação. Elas se revelam como a expressão natural de um coração totalmente devotado a Deus. Implícita ou explicitamente, referem-se à verdadeira realidade do Homem, criado à Semelhança divina, que reconhece sua Origem e atos em total e consciente conformidade com seu Senhor, realizando a pura servidão. Isto constitui a verdadeira imitação do Profeta:

> "Ele [Muḥammad] foi criado servidor desde a origem. Nunca levantou sua cabeça para se dizer mestre, mas continuou prostrando-se e apresentando-se [diante D'Ele], em condição de [total] receptividade, até que Deus dele manifestou o que Ele manifestou".[53]

---

52 Para a tradução brasileira, utilizamos a tradução do Prof. Nasr, com a mesma adaptação ao contexto feita pelos tradutores para a língua inglesa (N.T.).

53 *Fuṣūṣ al-Ḥikam*, p. 220 (*Wisdom*, p. 124; *Bezels*, p. 278, *Chatons*, 701).

Por muitos séculos, estas orações foram tomadas – e ainda o são – como uma recitação de homens e mulheres por todo o mundo em uma litania de louvor. Nas palavras de um amigo, elas nos ensinam a falar com Deus da melhor maneira, pois isto não é algo que automaticamente saibamos fazer. Resta-nos esperar que a presente tradução possa transmitir ao leitor contemporâneo, não conhecedor do árabe, algo de seu magnífico e belo poder.

Muḥyīddīn Ibn ʻArabī

Awrād al-usbūʻ (Wird)

"Preces para as noites e os dias da semana"

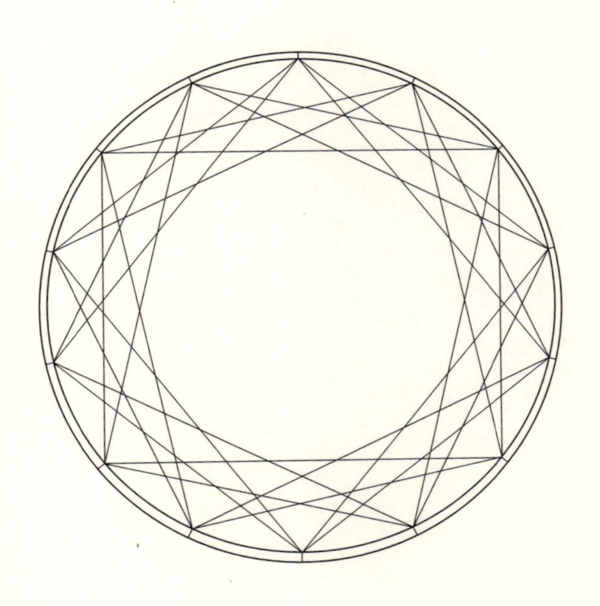

Prece de abertura

Em nome de Deus,
o Misericordioso, o Misericordiador:

Louvado seja Deus por conceder
o triunfo supremo! Peço-Lhe:

orientação para seguir Seu Caminho;

inspiração para comprovar Sua Realidade;

5 um coração seguro de Sua Verdade;

uma mente iluminada pela providencial
consciência de Sua Precedência;

um espírito tomado pelo ardente desejo por Ele;

uma alma em paz, livre da ignorância;

10 uma compreensão radiante com os lampejos
do pensamento e sua luminosidade;

um coração recôndito e florescente
com as *fontes* da iluminação e seu puro *néctar*;

fala espargida sobre o tapete
15 da expansão e seu esclarecimento;

pensamento elevado acima do fascínio
do efêmero e seus adornos;

discernimento para testemunhar o secreto mistério
do Ser no ambiente da criação e seu surgimento;

20 sentidos em plena saúde pelo constante
fluir do frescor [Divino];

uma natureza original purificada do domínio
da privação e suas consequências;

uma disposição completamente dócil
25 às rédeas da Lei Divina e sua autoridade;

um [estado em cada] instante que conduza
à Sua unificação e Sua diferenciação.

E que as bênçãos e a paz estejam sobre
Muḥammad e sua família e seus companheiros
30 e os sucessores que vieram depois dele
e a comunidade daqueles que seguem seu caminho
– que eles sejam agraciados com a paz.

O Uno desejado é Deus, como Ser e testemunho,
e Ele é o Um pretendido, sem qualquer
35 [possibilidade de] rejeição ou negação.
Pois *Ele me é suficiente, o mais beneficente Curador.*

NOTAS

Linha 7 Sua Precedência refere-se à presciência divina da Criação: "Deus não ordena nenhum decreto exceto por meio do decreto precedente do Livro, pois Seu Conhecimento nas coisas é o mesmo que Sua Palavra no Seu ato existenciador. Sua Palavra não se altera perante Ele [O dito não se altera, junto de Mim, (Corão, 50:29)], assim, nenhum criador ou criado possui qualquer autoridade a não ser em virtude do que o Livro Divino preordena. É por isso que Ele diz: 'e não sou injusto para com os servos' (Corão, 50:29). Isto é, 'Nós propiciamos a eles apenas o que precede em conhecimento, e eu os julgo somente por meio do que precede'" (*Fut.* IV.15).

Linha 9 Corão, 89:27-28: "Ó alma em paz, retorna ao teu Senhor satisfeita e digna de satisfação".

Linha 13 Literalmente, o "*Salsabīl* da Abertura" (*salsabīl al-fatḥ*). É uma referência ao "povo da virtude" (*al-abrār*): "... a eles será dado de beber, nesse lugar, uma bebida temperada com gengibre, de uma nascente chamada *Salsabīl*" (Corão, 76:17-18). E, também, aos mesmos "será dado a beber de uma bebida pura, lacrada (ou nectar)" (Corão, 83:25).

Linha 36 Corão, 3:173: "Aqueles aos quais alguns disseram: 'Por certo, o povo inimigo reuniu tropas contra vocês, portanto temam-nos', E isso acrescentou-lhes fé, e disseram: 'Deus nos basta, o mais beneficente Confiável'".

LEITURAS VARIANTES

[P] prefacia a prece introdutória (*muqaddima*) com o seguinte: "Assim diz o *Shayḫ* Supremo, o Enxofre Vermelho, a Luz mais Resplandecente, nosso mestre Muḥyīddīn Muḥammad b. 'Alī b. Aḥmad (sic) *al-Maghribī al-Andalusī*, que Deus nos beneficie com seu conhecimento nesse mundo e no mundo porvir, por Muḥammad e sua família". Na margem da folha 23 em [R], o único outro manuscrito a mencionar essa *muqqadima* é o seguinte: "Esta e a introdução às *Awrād* de nosso mestre Ḥaḍrat al-Shayḫ al-Akbar, que Deus santifique seu poderoso segredo". Toda a *muqqadima* está em rima [terminando em *-īqih(ī)*].

Linha 8 Seguindo [R], lê-se: *rūḥan rūḥāniyyan ilā tashwīqihī*. Isso se ajusta à rima do conjunto.

Prece da véspera de domingo

Em nome de Deus,
o Misericordioso, o Misericordiador:

Ó meu Deus, Tu és Aquele que contém o que está oculto
daquele que vê, e Aquele que ocupa e detém o domínio
sobre o interior de cada exterior.
Peço-Te – pela luz de Tua Face, ante a qual todas
5 as frontes se prostram, à qual *todas as faces se submetem*
e pela Tua Luz, na qual *todos os olhos se fixam*
– que me guies no Teu exclusivo caminho,
voltando minha face para Ti,
alheio a tudo o que não seja Tu.

10 Ó Tu que és o Ilimitado "Ele",
enquanto eu sou o "ele" limitado!
Ó "Ele", além do qual não há outro!

Ó meu Deus, é Tua tarefa dominar os inimigos
e sufocar os opressores. Peço-Te todo o apoio
15 de Teu Exaltado Poder. Que ela me possa proteger
do que quer que me deseje mal, para que eu possa,
deste modo, *conter as garras* dos cobiçadores
e *eliminar o último remanescente dos malfeitores*.
Concede-me um domínio sobre meu íntimo
20 que me possa santificar de todo traço deformante;

guia-me para Ti, ó Guia, pois a Ti *tudo retorna,*
e *abarcas todas as coisas. Ele*[54] *é o Dominador*
sobre os Seus servos e Ele é o Sutil, o Omnisciente.

Ó meu Deus, és o Existente, que *perdura*
25 *atento a cada alma.* És o Autoperdurador,
que subsiste em cada significado e em cada percepção.
Possuis [todo] o Poder e tudo subjugas.
Possuis [todo] o Conhecimento e tudo predestinas.
A Ti pertencem Poder Ordenante e Força Subjugante;
30 e em Tuas Mãos estão *a Criação e o Comando.*
Estás com cada coisa na mais íntima proximidade
e és seu Mestre, e, ao abranger cada uma,
és seu Condutor e seu Guia.

Peço-Te, meu Deus, o apoio de Teus Nomes Subjugantes.
35 Que possas, assim, fortalecer todas as minhas faculdades
do coração e da alma para que ninguém com um coração
possa entrar em contato direto comigo
sem ser obrigado a *voltar sobre os calcanhares,*
[e tornado] impotente.

40 Peço-Te, ó meu Deus, uma língua eloquente
e um discurso sincero; uma compreensão apropriada
e um paladar profundo e interior; um coração
verdadeiramente receptivo e uma mente sagaz;

---

54 Neste parágrafo, Ibn 'Arabī, como de hábito, combina versos de diferentes suras do Corão. No caso, a mudança aparentemente súbita da segunda pessoa do singular para a terceira pode causar estranheza ao leitor que não esteja habituado com a leitura do próprio Corão. De fato, no Livro de Allāh, este é um procedimento usual, (que Ibn 'Arabī imita ao longo de toda a sua obra), o *iltifāt*, ou "mudança de pessoas", no qual Deus, às vezes num mesmo verso, refere-se a si mesmo utilizando várias pessoas (N.T.).

um pensamento radiante e um anseio insaciável;
45 um bater persistente [à Tua porta] e um ardente desejo.
Concede-me uma mão poderosa e uma força irresistível;
uma *alma em paz* e membros flexíveis para obedecer-Te.
Purifica-me para que eu possa chegar a Ti
para que eu possa ser levado à Tua Presença.

50 Ó meu Deus, presenteia-me com um coração
pelo qual eu seja devotado a Ti em absoluta pobreza,
guiado pela ânsia e dirigido pelo desejo [de Ti],
cuja provisão é o temor [a Ti], cujo companheiro é
o desassossego e cujo alvo [Tua] intimidade e aceitação!
55 Na Tua Proximidade está a consumação
daqueles que aspiram e a realização
do desejo daqueles que buscam.

Ó meu Deus, agracia-me com a presença
da tranquilidade e da dignidade. Protege-me do auto-
60 -engrandecimento e da arrogância. Deixa-me permanecer
na estação em que sou aceito como Teu delegado e que
minhas palavras possam encontrar respostas positivas.

Ó meu Senhor, faz-me próximo de Ti
com a proximidade daqueles que [Te] conhecem
65 verdadeiramente. Purifica-me dos laços
da constituição natural. Elimina o coágulo da censura
de meu coração para que eu possa ser
um dos completamente purificados.

Que a bênção de Deus esteja sobre o nosso mestre
70 Muḥammad e sobre toda a sua família e companheiros.
E louvado seja Deus, Senhor dos universos.

NOTAS

As duas letras desta prece são *hā'*, como em *hū* (ele) e *hādī* (guia), e *qāf*, como em *qāhir* (subjugante), *qā'im* (existente), *qayyūm* (subsistente), *qadr* (poder), *qurb* (proximidade), *quds* (santidade) e *qalb* (coração). Como exemplo da importância do som nas orações, pode-se mencionar que a letra *qāf* é repetida mais de setenta vezes na segunda metade da prece.

Ao longo desta prece, Ibn 'Arabī faz uso de várias expressões contrastantes. Tentamos manter o sentido destes contrastes na tradução: aparente e oculto, exterior e interior, ilimitado e limitado, a luz de Sua Face e a máxima Luz, O Um que é anterior à criação e o Um que preserva toda criação, o Poder neste mundo e no outro, e assim por diante.

Linha 6 Ver o verso: "E todas as faces se submeterão ao Vivente, Aquele que subsiste por Si mesmo [o Autoperdurador]" (Corão, 20:111).

Linha 7 "... Ele, apenas, lhes concede prazo, até o dia em que as vistas se estarrecerão" (Corão, 14:42); em outras palavras, o Dia do Julgamento (*yawm al-dīn*), quando todos estarão face a face com seu Senhor. É o Dia em que o Rei recompensa seus súditos por suas ações.

Linha 10 A letra *hā* representa o 'Ele' ou a Ipseidade (*huwiyya*) que Se preserva como Oculta e preserva a criação *(kawn)*. O Homem Perfeito,[55] que espelha Deus completamente, é, assim, simultaneamente, preservado com 'Ele' e 'não-Ele'. Ver Apêndice D.

Linha 12 Literalmente, "não há ele, a não ser Ele", espelhando a frase: "não há deus, senão Deus".

---

[55] O Homem Perfeito (*al-insān al-kāmil*) é um termo técnico em Ibn 'Arabī. Ver a respeito, M. Chodkiewicz, *Le Sceau des Saints*, Gallimard, pp. 89, 91-2, 110 e Abd al-Karīm al-Jīlī, "*De l'Homme Universel*", Dervy-Livres (N.T.).

Linha 17 "...conter as garras" faz alusão ao verso: "... Então, se não se apartam de vós, nem vos lançam a paz, nem contêm as próprias mãos, apanhai-os e matai-os onde quer que os acheis. E, contra esses, damo--vos evidente autoridade." (Corão, 4:91).

Linha 18 Referindo-se ao verso: "Então, foi exterminado o povo injusto, até o último deles." (Corão, 6:45).

Linha 22 Referindo-se ao verso: "Ora, por certo, Ele está, sempre, abarcando todas as coisas." (Corão, 41:54).

Linha 22-3 Ver os versos: "Ele é o Dominador sobre Seus servos, e Ele é o Sábio, o Omnisciente." (Corão, 6:18); e "E as vistas não O alcançam, mas Ele alcança todas as vistas. Ele é o Sutil, o Omnisciente." (Corão, 6:103).

Linha 25 Referência ao verso: "Então, Aquele que perdura atento a cada alma, acerca do que [ela] logra, [é igual aos ídolos]? E eles fizeram a Allāh parceiros" (Corão, 13:33). Aqui, o autor está jogando com duas formas, *qa'im* e *qayyūm* da raiz *q-w-m*, que contém os significados de: *existir*, *elevar* e *permanecer*, e também denota *estar encarregado de zelar* e *persistir*. Ao que parece, ele está fazendo uma correlação por um lado, entre o modo como Deus permanece em cada alma – chamando-a a prestar contas – e Seu irresistível Poder; e por outro, entre Sua subsistência que tudo abarca e Seu Conhecimento.

Linha 30 "A Criação e o Comando"; em outras palavras, o mundo da matéria no qual Seu Poder é irresistível e o mundo do espírito, no qual Ele tem poder de ordenação ou de destino. Ver o verso: "Por certo, vosso Senhor é *Allāh*, Que criou os céus e a terra em seis dias; em seguida, estabeleceu-Se no Trono, cobrindo o dia com a noite, [cada um] na assídua procura do outro, e [tendo] o sol, a lua e as estrelas submetidos por Seu Comando. Em verdade, a Ele pertencem a Criação e o Comando. Bendito seja Deus, Senhor de todos os seres!" (Corão, 7:54). Ibn 'Arabī observa em sua discussão deste verso: "Deus assim especificou ("criação e comando") para o nome 'Senhor' (*rabb*), além de qualquer outro nome. O mundo da criação e da composição requer [a existência do] mal por sua própria essência, enquanto o mundo do comando é o bem no qual não há mal" (*Fut.* II: 575, traduzido em *SDG*, p. 310).

Linha 31 Referência implícita a "Ele é convosco onde quer que estejais" (Corão, 57:4).

Linha 39 Ver o seguinte verso, que contém um aviso implícito aos crentes: "Se ele [Muḥammad] morrer ou for morto, voltareis atrás, virando os calcanhares?" (Corão, 3:144). A palavra usada "voltar" (*inqalaba*) é derivada da mesma raiz de "coração" (*qalb*).

Linha 42 O "profundamente interno" (*sirr*) refere-se ao coração do ser humano, a base fundamental da percepção que está "acima" ou além de qualquer qualificação. "Paladar" é um termo técnico que denota a experiência direta da Realidade.

Linha 42-43 A frase: "um coração verdadeiramente receptivo" (*qalban qābilan*) pode ser encontrada no famoso verso do *Tarjumān al-ashwāq*, *O Intérprete dos Desejos*, (poema XI, p. 67), de Ibn 'Arabī: "Meu coração tornou-se capaz de qualquer forma...".

Linha 46 A expressão "mão poderosa" (*yadan qādiratan*) estabelece a conexão da mão com o Nome *al-Qādir*, que é explicado na seguinte passagem: "Quando a mão do servo torna-se a Mão do Real (*al-ḥaqq*), exaltado seja, este é, então, o [pleno] poder que é buscado na adoção [pelo homem das características do Nome divino 'o Sempre Capaz' ou 'o Todo-poderoso', *al-Qādir*]. 'Por certo, os que, com aperto de mão, se comprometem a segui-lo [o Profeta], comprometem-se na verdade a seguir Allāh. A mão de Deus está sobre suas mãos.' (Corão, 48:10). Deus, exaltado seja, também disse: 'E quando o amo, torno-me seu ouvido pelo qual e no qual ele escuta, e a mão com a qual ele pega ...'. Este Nome não requer que uma ação se realize, ao contrário, ele demanda uma condição de [total] poder quando invocado, sem qualquer impedimento possível" (*Kashf*, 69-3).

Linha 47 Referência ao verso: "Ó alma em paz, retorna a Teu Senhor satisfeita e digna de satisfação!" (Corão, 89:27-8).

Linha 55 Ver o verso: "E não são vossas riquezas, nem vossos filhos que vos aproximarão, bem perto de Nós (*'indanā zulfā*); mas quem crê e faz o bem..." (Corão, 34:37).

Linha 66 Refere-se à célebre história do Profeta quando pequeno: "Dois homens aproximaram-se de mim, vestidos de branco, com uma bacia de neve. Agarraram-me e abrindo meu peito, arrancaram meu coração. Depois, abriram-no e tiraram dele um coágulo negro e o jogaram fora. Em seguida lavaram meu coração e meu peito com neve... Satã toca cada filho de Adão no dia em que sua mãe o concebe, com exceção de Maria e seu filho" (Lings, *Muḥammad*, p. 26; ver também Schimmel, *And Muḥammad is His Messenger*, p. 68).

Linha 68 No Corão, pureza e purificação estão especificamente ligadas com o primeiro dia, que é domingo. Cf. Corão, 9:108: "Em verdade, uma mesquita fundada sobre piedade desde o primeiro dia (*min awwali yawmin*) é mais digna de que nela te detenhas. Nela, há homens que amam purificar-se e Allāh ama os que se purificam (*al-mutahharūn*)".

LEITURAS VARIANTES

Linha 15 Seguindo [R], [W] e [L], lê-se: *min'izzatika*. Em [P] e [I] é lido, 'do Poder exaltado de seus Nomes Subjugadores' (*min'izzati asma'ika'l-qahriyyati*).

Linha 24 Seguindo [I], [R], [W] e [L], lê-se, *anta'l-qā'imu 'alā kulli nafs*.

Linha 28 Seguindo [I] e [R], lê-se: *fa-qaddarta* (em vez de *fa-qadarta)*. Para uma discussão sobre o poder da ação Divina e o poder de Seu ordenamento, ver *Fut.* IV: 296; traduzido em SDG, p. 251.

Linha 42-43 Seguindo [I], [W] e [L], lê-se: *sirran dhā'iqan*.

Linha 44 Em alguns manuscritos lê-se "uma contemplação persistente" (*ṭarfan muṭriqan*). Esta é uma referência implícita a Corão 14:42-3: "E não suponhas que Allāh esteja desatento ao que os injustos fazem. Ele apenas lhes concede prazo, até um dia em que as vistas se estarrecerão. Correndo, infrenes, de olhos fitos à frente, levantando as cabeças, suas contemplações não obedecerão à sua vontade, e seus corações estarão vazios.

Linha 45 Em [I] e [R] é adicionada a frase: "uma total percepção imediata" (*wajdan muṭbiqan*). Pode-se supor que a intenção disso seria rítmica, pois todos os adjetivos nesta passagem incluem a letra *qāf*. Entretanto, toda a sentença parece consistir de pares rimados, o que deixa a frase adicionada sem lugar.

Linhas 51-2 Seguindo [R], [W] e [L], lê-se, *bifaqri'l-fuqarā'i yaqūduhu'l-shawqu wa yasūquhu'l-tawqu zāduhu'l-ḫawf*.

Linha 66 Seguindo [I] e [W], lê-se, *wa azil 'an qalbī*.

Prece da manhã de domingo

Em nome de Deus,
o Misericordioso, o Misericordiador:

Em nome de Deus, o que abre a existência!

Louvado seja Deus, o que manifesta cada existente!

Não há deus senão Deus, a Unidade absoluta
além de qualquer desvelamento ou contemplação!

5 *Deus é maior*, d'Ele a ordem se origina
e a Ele ela retorna!

Glória a Deus, nada há, além d'Ele,
a ser contemplado! Nada há com Ele a não ser Ele
a ser adorado!

10 Um, Único, Ele *é como* [*sempre*] *foi*,
antes das letras da limitação!

Ele tem em cada coisa um Sinal, apontando para o fato
de que Ele é Um Único Existente.

Seu mistério é ser velado a todo perceber
15 ou penetrar!

Não há poder nem força senão em Deus,
o Altíssimo, o Magnificentíssimo, um tesouro

com o qual Ele especialmente nos favoreceu
dentre os tesouros do Invisível em toda a sua Generosidade.
20 Por meio dele, possa eu pedir pela descida de todo o bem,
por meio dele, possa eu repelir todo o mal e todo dano,
e descoser o que está costurado e cerzido.

Certamente, pertencemos a Deus e a Ele retornaremos,
em tudo o que se manifestou e se está manifestando,
25 em cada estado e estação, em cada pensamento e inspiração
e em tudo o que ascende do interior
ou é recebido do exterior.

Deus é o desejado para todas as coisas
e, em cada coisa, Ele é o esperado e o almejado!

30 Inspiração e compreensão d'Ele provêm
e aquilo que se descobre ser é Ele,
sem qualquer [possibilidade de] negação ou rejeição.

Quando Ele desvela, não há outro. Quando Ele vela,
tudo é outro e cada um é um adorado oculto.

35 [Ele é] Interior na Unicidade e Exterior na Unidade.
A existência de tudo vem d'Ele
e por meio d'Ele, assim, nada há.
E, se algo houver, na realidade,
está desprovido e destituído de existência.

40 *Pois Ele é o Primeiro e o Último,*
o Exteriormente Manifesto e o Interiormente Oculto;
e Ele é Conhecedor e Conhecido em cada coisa;
antes e depois da existência de qualquer coisa.

A Ele pertencem o Alcance todo-abrangente,
45 a Realidade unificante e o Mistério eternamente subsistente,

a Soberania permanente e a Autoridade inerente!
Merecedor de todo louvor e glorificação,
Ele é *tal que Ele próprio Se exalta*,
pois Ele é tanto o Louvador quanto o Louvado.

50 [Ele é] Único de Essência, Um em [todos os] Nomes
e Qualidades! Conhecedor de todas as universalidades
e particularidades! O que abarca tudo o que está acima
e tudo o que está abaixo! É perante Ele
que *as faces se curvam* desde qualquer direção!

55 Ó Deus, ó Tu que és o Abarcador todo-abrangente,
que não pode ser impedido de derramar dádivas!
Ó Tu, cujos tesouros nunca são esgotados
e cuja generosidade e apoio para com toda a Criação
são infalivelmente estendidos!

60 Ó Deus, abre-me as travas destes tesouros;
desvela-me as realidades destes símbolos.
Sê Aquele que me olha e sê o meu olhar.
Pela visão de Ti, vela-me da visão de mim!
Pela Tua autorrevelação, apaga todos os meus atributos,
65 para que eu não possua outra direção senão a Tua,
para que meus olhos nada mirem senão a Ti!

Ó Deus, olha por mim com olhos de compaixão
e cuidado, de defesa e proteção,
de eleição e direção, em qualquer circunstância,
70 para que nada me vele de minha visão de Ti
e para que eu possa olhar-Te por meio do Teu olhar
que me concedeste em todas as coisas.
Torna-me completamente conforme Tua Autorrevelação,
completamente adequado à Tua eleição e à Tua direção,
75 lugar de Teu olhar em Tua Criação

e canal de efusão de Tuas dádivas
e favores para com ela.

Ó Tu, a quem pertence a absoluta Riqueza
além do necessário, enquanto Seus servos
80 possuem [somente] a inquestionável pobreza!

Ó Tu, que és Rico além da necessidade de qualquer coisa,
enquanto cada coisa necessita de Ti!

Ó Tu, cuja mão detém o destino de tudo
e a quem tudo retorna!

85 Ó Tu, que possuis Ser absoluto, de tal modo
que ninguém conhece o que Ele verdadeiramente é
senão Ele próprio, e ninguém pode ser informado
a Seu respeito, exceto por Sua direção!

Ó Tu, que ordenas que as retas ações sejam sujeitas
90 ao servidor, de modo que todos os Seus benefícios
a ele sejam creditados! Não tenho outra meta senão Tu
e nada me satisfaz exceto Tua generosidade
e Tua bondade.

Ó Tu, que concedes com generosidade
95 muito além de qualquer desejo! Ó Tu, que concedes favores
antes de qualquer pedido! Ó Tu, ante quem o intelecto
de cada suplicante torna-se ínfimo! Ó Tu, que és
Todo-poderoso em Seu Comando e Todo-triunfante!
Ó Tu, que livremente dás a cada coisa, mas que,
100 se Ele deseja, também podes privar! Esforço-me arduamente
na Tua[56] direção, pedindo que eu me possa descobrir
como Teu servo em cada estado. Dirige-me, meu Mestre,
certamente esta é prerrogativa mais Tua que minha.

---

[56] *Iltifāt*. Ver nota 54.

Como posso aspirar a Ti se és a fonte
105 de cada aspiração? Como posso buscar-Te
se buscar [em si] significa estar distanciado? Pode ser
buscado Aquele que está tão próximo e tão presente?
Como aspirar Àquele em relação a quem
a aspiração implica estar perdido e confuso?
110 A busca não leva a Ti; a aspiração não se aplica a Ti.

As Revelações de Tua Exteriorização
não podem ser apreendidas nem captadas;
os enigmas de Teus Mistérios não podem ser desvendados
ou desfeitos. Seria aquele a quem é dada a existência
115 capaz de conhecer a verdadeira natureza
d'Aquele que lhe concedeu existência?
Seria o servo capaz de alcançar a realidade
d'Aquele que o colocou na servidão?

Busca e aspiração, proximidade e distância,
120 são qualidades do servo: então, o que pode
o servo atingir, por meio de suas próprias qualidades,
em relação Àquele que é Incomparável e Transcendente
em Sua Essência? O [verdadeiro] lugar de cada criatura
é a [total] incapacidade, permanecendo em humildade
125 diante da porta da Glória Exaltada,
sem qualquer habilidade para captar este Tesouro.

Como posso conhecer-Te
se Tu és o Interiormente Oculto que não é conhecido?

Como posso não conhecer-Te
130 se Tu és o Exteriormente Manifesto,
tornando-Te por mim conhecido em cada coisa?
Como posso realizar Tua Unidade
se na Unicidade não tenho existência?

Como posso não realizar Tua Unidade
135 se a União é o verdadeiro segredo da servidão?

Glória a Ti! Não há deus senão Tu! Ninguém,
a não ser Tu, pode compreender Tua Unidade,
pois és como és na pré-eternidade sem começo
e na pós-eternidade sem fim. Na realidade,
140 nenhum outro que não Tu pode realizar Tua Unidade.
Ninguém Te conhece a não ser Tu.

Ocultas e manifestas – ainda assim, não Te escondes
de Ti mesmo nem Te manifestas a outro senão a Ti,
pois Tu és Tu. Não há deus senão Tu.
145 Como pode este paradoxo ser resolvido
quando o Primeiro é o Último e o Último é o Primeiro?
Ó Tu que tornas a ordem ambígua e o segredo oculto,
e que mergulhas [o outro] na perplexidade
quando [na realidade] não há outro senão Ele!

150 Peço-Te, ó Deus, que me desveles o mistério da Unidade,
que eu possa testemunhar a verdadeira servidão
e realizar totalmente o serviço de Tua Senhoridade,
conforme convém à Tua mais alta presença.
Estou na existência somente por meio de Ti,
155 pois sou efêmero e não-existente, enquanto Tu és
Existente, Permanente, Vivente, Autossubsistente,
Antigo em Dias, Eterno, Conhecedor e Conhecido.
Ó Tu, por ninguém verdadeiramente conhecido
senão por Ele mesmo!

160 Peço-Te, ó Deus, que eu possa fugir de mim para Ti
e que minha inteira totalidade possa ser integrada em Ti,
para que minha existência deixe de ser um véu
sobre o meu testemunho. Ó Tu, que és meu anseio
e aspiração, ó Tu a quem venero e adoro!

165 Nada está perdido para mim ao encontrar-Te!
Nada é desconhecido para mim ao conhecer-Te!
Nada me falta ao testemunhar-Te!
Minha aniquilação está em Ti;
minha subsistência é por meio de Ti;
170 e és o objeto de minha contemplação.
Não há deus senão Tu, como testemunhaste
e como conheceste e como ordenaste.

Meu testemunho é minha própria existência, e nada
testemunhei senão eu mesmo em minha aniquilação
175 e em minha subsistência. A alusão é para mim;
o julgamento é, ao mesmo tempo, a meu favor e contra mim,
a atribuição é minha atribuição; tudo isso define
minha posição. [Toda] a obra, [na verdade], cabe a mim,
na manifestação e na não-manifestação
180 e na penetração do Segredo protegido:
Ipseidade que, oculta, tudo permeia
e lugares de manifestação que tornam visíveis ser e não-ser,
luz e treva, cálamo e tábua, audição e não-audição,
conhecimento e não-conhecimento, paz e guerra,
185 silêncio e palavra, separação e restauração,
Verdade essencial e Verdade imediata,
eterno ocultamento e perpétua permanência.

Dize: Ele é Allāh, o Único
Allāh, Suporte Universal e Refúgio,
190 *Não gerou e não foi gerado;*
E ninguém é comparável a Ele.

Que a bênção de Deus esteja sobre aquele que é
o primeiro a vir à existência e o primeiro em Existência;
o que abre para cada testemunha [acesso às]

195 duas presenças, da testemunha e do testemunhado;
o que é o segredo escondido e a luz manifesta,
o verdadeiro anseio e propósito; o eleito
que é distinguido com a mais eminente estação
no domínio da Criação; o espírito mais santo e sublime
200 e a luz mais perfeita e resplandecente,
que realizou a perfeita adoração
na presença do Adorado; cujo espírito recebeu
o transbordamento da Presença
do Seu Mais Santo Espírito, cujo coração
205 é um nicho iluminado por raios de Sua [divina] Luz
– pois ele é o maior Enviado,
o enobrecido Profeta e o Amigo
tornado próximo e abençoado.

E que a bênção esteja sobre sua família
210 e companheiros, os depositários de seus segredos,
lugares onde suas luzes brilham
e suas luas cheias nascem; tesouros de verdades
e guias para as criaturas; estrelas-guia para todos
os que se dispõem a seguir [o Caminho].
215 E possa ele dar saudações de grande paz a [todos] eles
até o Dia do Reconhecimento.

Glória a Deus, pois não me encontro entre os que associam.
Deus é suficiente para nós e o mais excelente Guardião.
Deus diz a verdade e guia no Caminho.
220 *Não há poder nem força a não ser em Deus,*
o Altíssimo, o Magnificentíssimo!

E louvado seja Deus, Senhor dos universos.

NOTAS

Em árabe, domingo é chamado *yawm al-aḥad*, expressão que, geralmente, designa o primeiro dia da semana, mas pode igualmente ser traduzido por o "Dia do Um", relativo ao Nome divino *al-Aḥad* (o Um ou Único ou Uno). Ibn 'Arabī refere-se a este segundo significado, por exemplo, na seguinte passagem: "Alguns gnósticos jejuam no domingo especificamente porque é o Dia do Um, pois o Um é um atributo que afirma a incomparabilidade do Real." (*Fut.* II:647, traduzido em SDG, p. 315.). Nesta prece, a ênfase dada a *aḥad* e a termos relacionados tais como *wāḥid* (Um), *aḥadiyya* (Unicidade) e *tawḥīd* (Unidade) é inteiramente condizente com esta leitura, como o é a associação do domingo ao profeta Idris [Isaías], (cuja mensagem, de acordo com o *Shayḫ* [Ibn 'Arabī], envolve fundamentalmente o significado de *tawḥīd*).

Linha 1 "Em nome de Deus" abre o Corão em cada uma de suas suras, exceto a nona (*al-Tawba*).

Linha 2 "Louvado seja Deus" é o primeiro verso da primeira sura do Corão, a *Fātiḥa*. Como a origem da existência é Deus, o princípio de cada coisa na existência é o louvor a Ele.

Linhas 3-5-7 Uma fórmula tradicional de *dhikr* (repetição) transmitida pelo Profeta consiste en repetir 33 vezes cada uma destas tres expressões de louvor: *subhān Allāh* (glória a Deus), *al-hamdu lillāh* (louvado seja Deus) e *Allāhu akbar* (Deus é o maior). Este *dhikr* se chama *tasbīh* e consiste em completar um ciclo das contas da *misbaha* ou rosário islâmico (N.T.).

Linha 10 Alusão ao hadith: "Deus é (*kāna*) e não há nada como Ele", mais comumente traduzido ou entendido como "Deus foi...". A este foram adicionadas as palavras "Ele é agora como (sempre foi) "(*huwa'l-ān 'alā mā 'ahlayhi kāna*) que, novamente, poderia ser traduzido por "Ele é agora como é". Na discussão deste hadith, Ibn 'Arabī especifica: "Ele não é acompanhado de coisa alguma nem atribuímos nenhuma coisa a Ele. Sabe que a palavra *kāna* geralmente refere-se a uma limitação temporal (por isso, a tradução 'era'), mas, aqui, não é o caso; o que significa aqui é a aparente existência (*kawn*), no sentido do Ser (*wujūd*) e, assim, *kāna* age não como um verbo, demandando temporalidade, mas como um sinal indicando 'ser' (*ḥarf wujūdī*)". (*Fut.* II:56). Ver também *Fut.* I 41 ou II:592, para uma discussão mais aprofundada.

Linha 12 "Ele tem em cada coisa um Sinal apontando para o fato de que Ele é Um" é um verso de Abū al-'Atāhiya, citado frequentemente nos escritos de Ibn 'Arabī (ver *Fut.* I:491). O termo árabe *āyat* ('sinal') tem, também no Corão, o significado de 'verso': "A Existência é inteiramente [constituída de] letras, palavras, suras e versos e é o macro--cósmico Corão". (*Fut.* IV:167)

Linhas 16-7 De acordo com um hadith, esta fórmula é "um dos tesouros do Trono" e é também considerada como o atributo de Adão. Ver *Fut.* II:436 (traduzido em UM, pp. 143-4) sobre a visão de Ibn 'Arabī do Trono divino: esta fórmula foi proferida pelo "tesouro abaixo do Trono", que é Adão.

Linha 22 Alusão ao verso: "E os que renegam a Fé não viram que os céus e a terra estavam costurados e Nós os descosemos e de água moldamos cada ser vivo?" (Corão, 21:30).

Linha 23 Corão, 2:156.

Linha 34 Pode também ser traduzido por: "... tudo é oculto e adorado".

Linhas 40-3 Quando perguntaram a Abū Sa'īd al-Ḫarrāz como conhecera Deus, ele respondeu: "Pela Sua união dos opostos" e citou este verso: "Ele é o Princípio e o Fim, o Visível e o Oculto, e é o

Omnisciente" (Corão, 57:3). Ibn 'Arabī salienta, no *Fut.* III:300, que o termo *'alīm*, referindo-se a Deus neste verso, normalmente traduzido por "omnisciente", denota tanto o conhecedor (*'ālim)* como o conhecido (*ma'lūm*). Desta forma, esta frase final indica que Deus é tanto o Conhecedor como o Conhecido de tudo. Ele aplica este mesmo entendimento a todos os Nomes que têm esta forma (por exemplo, *ḥamīd)*, que podem ser entendidos tanto como ativos ou passivos.

Linha 48 Em referência ao hadith: "Não sou capaz de enumerar todos os Teus louvores. Tu és tal que exaltas a Ti Mesmo". A palavra "exalta" (*athnā*) vem da raiz que significa "duplicar". O Louvor pode ser compreendido, então, como sendo duplicado, uma vez que Ele é tanto Louvador como Louvado.

Linha 49 Até aqui a prece inteira rima em *–ūd* e esta rima é repetida no final da prece, na bênção ao Profeta.

Linhas 52-4 Referente ao verso: "Ele sabe de tudo o que está adiante e de tudo o que está atrás deles, e eles não podem abarcá-Lo em conhecimento. As faces curvam-se perante o Vivente, o Subsistente" (Corão, 20:110-1). Esta linha indica o processo de "descida" da Essência à manifestação, abrangendo tanto a dimensão vertical (acima e abaixo) como a horizontal (à frente e atrás).

Linha 62 Alusão ao verso: "E, para onde quer que vos volteis, lá estará a Face de Allāh." (Corão, 2:115).

Linhas 75-7 Capítulo de Adão no *Fuṣūṣ al-Ḥikam*, onde Ibn 'Arabī faz uma descrição similar do Homem Perfeito (*insān kāmil*): "No que diz respeito a ser Homem, isto é devido à universalidade de sua formação e à sua abrangência de todas as realidades. Ele está para Deus como a pupila está para o olho, (um buraco ou canal) pelo qual o ato de ver tem lugar... Por meio dele, Deus olha por Suas criaturas e concede-lhes Compassiva Misericórdia" (Arabic, p. 50; *Fuṣūṣ*, pp. 110-12; *Bezels*, p. 51; *Wisdom*, p. 12).

Linhas 78-80 "Ó humanos! Vós sois pobres perante Allāh, e Allāh é o Rico além da necessidade, o Louvável" (Corão, 35:15).

Linhas 100 Neste parágrafo, Ibn 'Arabī, como de hábito, combina versos de diferentes suras do Corão. No caso, a mudança da segunda pessoa do singular para a terceira é um recurso recorrente à leitura do próprio Corão. De fato, no Livro de Allāh, este é um procedimento usual, (que Ibn 'Arabī imita ao longo de toda a sua obra), o *iltifāt*, ou "mudança de pessoas", no qual Deus, às vezes num mesmo verso, refere-se a si mesmo utilizando várias pessoas.

Linhas 137-8 Alusão às palavras "Ele é como é".

Linhas 142-9 Ver o Capítulo de Idris no *Fuṣūṣ al-Ḥikam*, em seu comentário sobre o verso corânico "Ele é o Primeiro e o Último, o Manifesto e o Oculto", em que Ibn 'Arabī escreve: "Ele é igual àquilo que se manifesta e igual àquilo que está oculto quando Ele Se manifesta. Não há ninguém que possa vê-Lo a não ser Ele mesmo e não há ninguém para quem Ele esteja oculto! Ele é o Manifesto para Si Mesmo e o Oculto d'Ele Mesmo!" (Arabic, p. 77; *Fuṣūṣ*, pp. 339-40; *Bezels*, pp. 85-6; *Wisdom*, p. 36.).

Linhas 171-2 Aqui há uma referência, primeiramente, à declaração verbal do testemunho islâmico (*shahāda*) "não há deus, senão Deus". Também alude ao fato de que Ele estabeleceu este testemunho em Sua Sabedoria eterna e que ordenou à humanidade que tenha fé n'Ele e realize o seu significado, como em "Não criei gênios e homens a não ser para que Me adorem" (Corão, 51:56).

Linhas 173-8 Aqui, há uma ambiguidade quanto a ser o autor ou Deus quem se expressa na primeira pessoa. Pode-se pensar que, na Presença da Unidade, a dualidade do "Eu-Tu" é anulada, portanto, a passagem pode referir-se ao Eu divino.

Linha 178 Alusão ao verso: "A cada dia, Ele se ocupa de uma obra nova [ou: está envolvido em um novo trabalho]" (Corão, 55:29).

Linha 185 "Separação e restauração" também pode traduzir-se por "desatamento e atamento".

Linhas 185-6 Quando um de seus companheiros declarou ser um verdadeiro crente, o Profeta respondeu: "A cada verdade imediata pertence uma verdade essencial" (*likulli ḥaqq ḥaqīqa*).

Linhas 188-91 *Sūrat al-Iḫlās*, o capítulo da Pureza (Corão 112).

Linha 192-3 Este e todos os seguintes epítetos, evidentemente, referem-se ao Profeta Muḥammad. Ibn 'Arabī considera-o tanto como o primeiro a quem foi dada existência em potencial, o Homem primordial, como o primeiro em escala na existência atual, a completa Perfeição do Homem. O primeiro aspecto é resumido pelo hadith, "Eu era um profeta enquanto Adão estava entre a água e a argila", enquanto o segundo corresponde ao dito "Serei o mestre da humanidade no Dia da Ressurreição, sem ostentação" (Ver *Fut.* III:141).

Linha 194-5 Ver o verso: "Pelo céu das constelações! E pelo dia prometido! E por uma testemunha e um testemunhado, mortos foram os companheiros do fosso..." (Corão, 85:1-3).

Linha 204-6 Alusão ao famoso verso da Luz: "Allāh é a luz dos céus e da terra. Sua luz é semelhante a um nicho no qual se encontra uma mecha. A mecha está num cristal. O cristal é como um astro resplandescente. A mecha obtém sua chama de uma árvore bendita, uma oliveira que não vem nem do oriente, nem do ocidente e que ilumina quase sem que o fogo toque a mecha. Luz sobre luz! Allāh guia para sua Luz quem Ele quer. Allāh cria símbolos para os homens e Allāh conhece todas as coisas". (Corão, 24:35).

Linhas 215-16 Ver Corão, 82:17-19: "O que te pode fazer compreender o que é o Dia do Reconhecimento [ou Juízo] (*yawm al-dīn*)? Novamente, o que te pode fazer compreender o que é o Dia do Reconhecimento? Um dia em que alma alguma terá poder para ajudar qualquer outra. E o comando, nesse dia, será de Allāh".

Linha 217 Corão, 12:108.

Linha 218 Corão, 3:173.

LEITURAS VARIANTES

Linha 11 Seguindo [I], [W] e [L], em que se lê "O advento dos limites" (*ḥurūf al-ḥudūd*). [P] lê-se *ḥudūth al-ḥual-ḥudūd* ("o advento de limites").

Linha 34 Em [R] e [I], lê-se *mab'ūd* ("distanciado") em lugar de *ma'būd* ("adorado").

Linha 48 Hadith: *Concordance*, vol. I, p. 304.

Linha 75 Essa frase se espelha em outra encontrada no *Mashāhid al-asrār* (texto árabe, p. 60): *mawḍi' naẕarī min ḥalqī.*

Linha 149 Seguindo [R], [I], [W], [Y] e [L], em que se lê: "quando realmente não há outro" (*lā gayrahu*).

Linha 163 Seguindo [R], [I], [W] e [L], em que é acrescido: *yā maq. sūdī.*

Linhas 197-9 Essa linha possui muitas variantes em diferentes cópias. Parece fazer menção à posição suprema de Muḥammad, conhecida por "estação louvável" (*maqām maḥmūd*). Cf. Chodkiewicz, "The Banner of Praise" in *Praise*, pp. 48ff.

Linhas 206-8 Seguindo [P] (margem), [I], [R] e [W], em que se lê: *al-rasūl al-a'ẕam wa'l-nabī al-mukarram wa'l-walī al-muqarrab al-mas'ūd.*

Linhas 215-6 Seguindo [I], [W] e [L], em que se lê: *ilā yawmi'l-dīn.*

Linhas 219-20 Seguindo [R], em que se acrescenta essa frase rimada: *wa Allāhu yaqūlu'l-ḥaqq wa huwa yahdī'l-sabīl.*

Prece da véspera de segunda-feira

EM NOME DE DEUS,
O MISERICORDIOSO, O MISERICORDIADOR:

Ó meu Deus, Tua Sabedoria abraça tudo o que é
cognoscível. Teu conhecimento abrange
o [significado] interior de tudo o que é compreensível.
Em Tua exaltação, és santificado acima de tudo
5 o que é condenável. As aspirações espirituais
elevam-se a Ti e as palavras ascendem a Ti.

És o Supremamente Exaltado em Tua eminência.
Assim, o mais próximo que conseguimos alcançar
em nossa ascensão a Ti é condescendência [de Tua parte].
10 És o Mais Glorioso em Tua exaltação. Assim,
a mais nobre de nossas qualidades com respeito a Ti
é o autorrebaixamento.

Tu Te manifestaste no interior e no exterior de tudo.
És permanente antes de cada começo
15 e depois de cada fim. Glória a Ti!
Não há deus senão Deus – as frontes prostram-se
ante Tua Magnificência e os lábios
deleitam-se em Tua lembrança.

Peço-Te, por meio do Teu Nome "o Magnífico",
20 ao qual é elevado todo aquele que procura progredir

[em direção a Ti] e do qual vem a grande acolhida
a todo aquele que anseia encontrar[-Te],
que me concedas um coração a partir do qual
as aspirações sublimes me solicitem
25 e as almas desdenhosas a mim sejam conduzidas.

Peço-Te, ó Senhor, que permitas à Tua condescendência
ser uma escada pela qual eu possa elevar-me a Ti
e que faças de minha pequenez e de meu rebaixamento
os meios pelos quais eu possa ascender a Ti.
30 Envolve-me no manto protetor de Tua Luz,
pelo qual desveles para mim tudo o que esteja velado
e pelo qual me ocultes do invejoso e do iludido.
Concede-me uma índole pela qual eu abarque
tudo o que é criado e pela qual eu estabeleça
35 tudo o que é real, assim como *Tu abarcaste,*
em compaixão e sabedoria, todas as coisas.

Não há deus senão Tu,
ó Vivente, ó Autossubsistente!

Ó meu Senhor, instrui-me com a sutil benevolência
40 de Tua Senhoridade, como deve ser instruído quem
tem consciência de estar em total necessidade de Ti,
como quem nunca reivindica ser independente
de Ti. Olha por mim com o olhar de Tua Providência,
protegendo-me contra todos os que possam me atingir
45 ou contra o que quer que possa me afligir,
em qualquer momento ou em qualquer percepção,
ou que possa gravar-se como uma das linhas escritas
na tábua da minha própria vontade.
Dá-me uma intimidade natural para Contigo
50 e eleva-me à estação de Tua Proximidade.

Revifica meu espírito com a Tua lembrança
e conduze-me, ora com esperançoso desejo de Ti,
ora com reverente temor a Ti.

Restaura para mim o manto da satisfação
55 e leva-me às nascentes dos acolhidos. Concede-me
a compaixão vinda de Ti, restabelecendo a harmonia
em minha desordem, aperfeiçoando-me onde estiver
deficiente, retificando-me onde estiver desviado,
refreando-me quando estiver desencaminhado
60 e guiando-me quando estiver perplexo.

Certamente, és Senhor e instrutor de tudo;
trazes misericórdia às essências [de todos os seres]
e elevas os graus. Tua Proximidade é a alegria
dos espíritos e a perfumada doçura do regozijo,
65 a síntese da verdadeira prosperidade
e o repouso de todos os que estão assossegados.

Seja louvado, Senhor dos senhores!
Libertador dos escravos! Aliviador do sofrimento!
Abraças tudo em compaixão e sabedoria.
70 Perdoas o erro com ternura e clemência.
És o Perdoador, o Misericordiador, o Clemente,
o Onisciente, o Altíssimo, o Magnífico.

E que as bênçãos de Deus estejam sobre nosso
mestre Muḥammad e sobre toda a sua família
75 e companheiros. E sobre todos os profetas
e mensageiros. *E louvado seja Deus,*
Senhor dos universos.

NOTAS

As duas letras desta prece são *wāw*, como em *wāsi'* (abraçar), *sumū* (eminência) e *'ulū* (exaltação); e *rā*, como em *rabb* (senhor), *raqīb* (velar, olhar por), *razzāq* (nutrir), *raḥma* (compaixão), *rāḥa* (sossego) e *rūḥ* (espírito).

Linha 6 Ver o verso: "A Ele ascendem as palavras benignas; e a boa ação, Ele a eleva" (Corão, 35:10).

Linha 23 Literalmente, "um segredo" (do coração), referindo-se ao hadith *qudsī*:[57] "... o coração de Meu servo fiel Me contém".

Linhas 28-9 Compare-se com o relato de Ibn 'Arabī sobre Abū Yazīd al-Bisṭāmī. "Quando ele perguntou a Deus: 'Ó meu Senhor, por meio do quê ser-me-ia possível aproximar-me de Ti?' Deus respondeu: 'Só podes aproximar-te de Mim por meio daquilo que não Me pertence.' – 'E o que é que não Te pertence?' Deus respondeu: '[As qualidades de] rebaixamento (*dhilla*) e necessidade (*iftiqār*)'" (*Fut.* III:316).

Linhas 34-5 Esta última frase pode também ser traduzida por "pelo qual satisfaço cada direito".

Linhas 35-6 Corão, 40:7.

Linhas 37-8 Referência ao Verso do Trono, o *Āyat al-Kursī*: "Deus, não há deus, senão Ele, o Vivente, o Subsistente" (Corão, 2:255).[58]

---

57 *Qudsi*, no árabe, quer dizer "sagrado". A expressão *hadiṯ qudsi*, designa o hadith que foi diretamente revelado por Deus, em primeira pessoa, e transmitido pelo Profeta (N.T.).

58 Considerado, entre os sufis, um dos mais perfeitos ou o mais perfeito verso do Corão, o Verso do Trono é frequentemente usado como uma oração em si. A seguir, a íntegra do verso: "Allāh, não há deus senão Ele, o Vivente, o Subsistente por Si mesmo. Não o tomam nem sonolência nem sono. D'Ele é o que há nos céus e o que há na terra. Quem intercederá junto dele senão com sua permissão? Ele sabe o passado e o futuro. E nada abrcam de sua ciência senão aquilo que Ele quer. Seu Trono abrange os céus e a terra. E não o afadiga custodiá-los. E Ele é o Altíssimo, o Magnífico" (N.T.).

Linhas 47-8 Podemos entender esta passagem como uma alusão à tradição de que as ações que resultam de um desejo pessoal são registradas em uma tábua de pedra e, no Dia do Julgamento, quando a pessoa se apresenta perante Deus, ela é chamada a prestar conta destas.

Linhas 52-3 Alusão ao verso: "Ouvimos suas orações [de Zacarias]; e concedemos-lhe João e tornamos fecunda sua mulher. Por certo, eles buscavam o bem e Nos invocavam com esperançoso desejo (*ragba*) e com reverente temor (*raḥba*)" (Corão, 21:90).

Linha 61 Corão, 6:164.

Linha 63 Alusão ao verso: "Aquele que eleva os graus é Ele, O possuidor do Trono, que envia o Espírito por Sua Ordem sobre quem Ele quer de Seus servidores, advertindo sobre o dia do Encontro" (Corão, 40:15).

Linha 63-5 Alusão ao verso: "Se ele estiver dentre os próximos, haverá alegria e doçura (*rawḥ wa rayḥān*) e um jardim de delícias" (Corão, 56:88-89). Literalmente, *rayḥān* significa a erva aromática do doce manjericão, que cresce naturalmente por todo o Mediterrâneo. Nestas linhas, Ibn 'Arabī joga com as muitas formas da raiz *r-w-ḥ*: *rawḥ* (alegria ou descanso), *rūḥ* (espírito), *rayḥān* (doçura ou perfume), *rāḥa* (repouso ou sossego) e *murtāḥ* (assossegado). Ver *Fuṣūṣ al-Ḥikam*, no Capítulo de Jesus: "Nutre Sua criação por meio d'Ele e serás um descanso revigorante e um perfume de vida (*rawḥān wa rayḥān*)" (texto árabe, p. 143; *Fuṣūṣ*, p. 715; *Bezels*, p. 179; *Wisdom*, p. 74.).

Linha 68 Alusão ao verso: "Ó nosso Senhor, afasta de nós este sofrimento; somos crentes" (Corão, 44:12).

Linha 68-9 Corão, 40:7.

Linha 71 Estes Nomes Divinos, "o Perdoador, o Misericordiador" (*al-Gafūr al-Raḥīm*), que contêm as duas letras desta prece (*wāw e rā'*), aparecem muitas vezes no Corão. Como, por exemplo, o verso: "Dize: ó Meus servos, que vos excedestes em vosso próprio prejuízo, não vos desespereis da Misericórdia de Allāh. Por certo, Allāh perdoa todos os pecados. Por certo, Ele é o Perdoador, o Misericordiador" (Corão, 39:53).

Linhas 71-2 Ver, por exemplo, o verso: "... E Allāh sabe o que há em vossos corações. E Allāh é Onisciente, Clemente (*'Alīm Ḥalīm*)" (Corão, 33:51).

Linha 72 Este par de Nomes, "o Altíssimo, o Magnífico", também aparece muitas vezes. Por exemplo: "D'Ele é o que há nos céus e o que há na terra. E Ele é o Altíssimo, o Magnífico (*al-'Alī al-'Aẕīm*)" (Corão, 42:4).

LEITURAS VARIANTES

Linha 38 Em [I], [R], [W] e [L] a íntegra do Verso do Trono, o *Āyat al-Kursī*, está escrita junto, como parte da recitação.

Linha 48 Seguindo [I], [R] e [L], em que se lê *fī lawḥ irādatī.*

Linha 63 Lendo *rawḥ* em vez de *rūḥ.*

Linhas 75-7 Essas duas sentenças finais estão incluídas em [I].

Prece da manhã de segunda-feira

Em nome de Deus,
o Misericordioso, o Misericordiador:

Ó Deus, peço-Te luz e guia;
e boa atuação em [minha] conformidade.
Busco refúgio em Ti contra o mal de minha alma
e contra o mal de tudo o que me separa de Ti.
5 Não há deus a não ser Tu. Purifica minha alma
contra dúvida e falta de caráter, contra infortúnio
e negligência. Concede-me verdadeira servidão,
para que eu possa obedecer-Te em todos os meus estados.

Ó Conhecedor, instrui-me em Teu Conhecimento!
10 Ó Sábio Juiz, confirma-me com a Sabedoria
do Teu Julgamento! Ó Ouvidor, deixa-me ouvir-Te!
Ó Vidente, deixa-me ver Teus favores!
Ó Onisciente, concede-me consciência de Ti!
Ó Vivente, vivifica-me com Tua Lembrança!
15 Ó Desejoso, purifica meu desejo por meio de Tua Graça,
Poder e Magnificência! *Certamente,*
tens poder sobre tudo.

Ó Deus, peço-Te [que me seja concedida] uma natureza
divina governante e uma natureza humana subserviente,
20 uma mente eficaz abarcando tudo em totalidade

e diferenciação, tanto em forma como em medida.
Ó meu Deus, suplico-Te pela Tua Essência,
que ninguém consegue apreender ou negligenciar;
e pela Tua Singularidade, à qual associaram[59] aqueles
25 que imaginam existir qualquer coisa semelhante a Ti;
e pela Tua Total Abrangência, sobre a qual
mentiram aqueles que supõem que exista outro
na Eternidade e se separaram da harmonia
da Verdadeira Pureza.

30 Ó Tu, em cuja transcendência extirpa-se tudo
o que não existe em Sua[60] Antiguidade!
Ó Tu, que ordenas todas as coisas em Sua Abrangência
e Magnificência! Ó Tu, que manifestas a luz da existência
de todas as coisas, tirando-as da escuridão da não-existência.
35 Ó Tu, que formas as individuações das esferas
conforme qualquer Conhecimento com que Ele
tenha preenchido Seu Cálamo.
Ó Tu, que dás poderes às Suas Determinações
por meio dos segredos de Suas Sabedorias!

40 Estou clamando a Ti como aquele que, distante, clama
pela ajuda d'Aquele que está próximo! Suplicando-Te
como um amante que anseia por seus amados!
Implorando-Te como o contrito roga
Àquele que responde às suas necessidades!

---

59 Este verbo, no português, não tem a especificidade que encontramos em árabe, no contexto islâmico. Ele se refere a *sharḫ*, que significa "associação" com o sentido de associar a Deus outras divindades, negando sua absoluta unicidade e incomparabilidade (N.T.).

60 Há uma mudança, na mesma frase, da segunda pessoa para a terceira; ver a respeito nota 54 (N.T.).

45 Ó Deus, peço-Te que levantes o véu do Oculto
e que desates os nós da suposição e da dúvida!
Ó Deus, faz que eu viva por meio de Ti com vida
essencial! Faz-me conhecedor, por meio de Ti,
com o conhecimento que abarca os mistérios
50 de tudo o que é cognoscível! Por Teu Infinito Poder,
abre para mim o tesouro do Jardim do Paraíso
e o Trono e a Essência, e faz minha lua desaparecer
ante as luzes de [Tuas] Qualidades!
Por meio de Tua Graciosa Benevolência,
55 liberta-me das cadeias da crença limitada!

Glória a Ti em Tua transcendência! [És] Glorificado como
o que absolutamente transcende todos os traços
dos fenômenos ou atributos de carência; e [És] Santificado
como o inteiramente purificado de toda semelhança
60 com a culpabilidade e isento de qualquer motivo de rejeição.

Glória a Ti! Fizeste cada buscador incapaz de alcançar-Te
exceto por meio de Ti.

Glória a Ti! Ninguém pode saber quem és
exceto Tu.

65 Glória a Ti! Estás próximo
apesar da suprema elevação de Tua Sublimidade!

Ó Deus, envolve-me com o traje do Glorioso Louvor!
Veste-me com o manto do Supremo Poder!
Coroa-me com o diadema da Majestade
70 e da Glorificação! Despe-me dos atributos
da frivolidade dispersiva e do rigor constritivo.
Libera-me das correntes do calculismo
e da limitação, da busca da diferença,
da deficiência e da oposição.

75 Ó meu Deus, minha não-existência em Ti
é minha verdadeira existência; minha permanência em Ti
é minha verdadeira não-existência.
Em vez da situação em que me imagino existindo junto a Ti,
permite-me realizar minha verdadeira não-existência em Ti
80 e torna-me inteiro pela minha aniquilação em Ti!

Não há deus senão Tu! Estás muito acima
de qualquer similaridade.

Não há deus senão Tu! És elevado
além de qualquer semelhança.

Não há deus senão Tu! Não necessitas
85 de ministro ou conselheiro.

Não há deus senão Tu! Ó Único!
Ó Suporte Universal e Refúgio!

Não há deus senão Tu! Existência é possível
somente por meio de Ti! Prosternação é somente para Ti!
90 És a Única Verdade Real que é adorada!

Busco refúgio de mim em Ti e suplico-Te
a aniquilação de mim mesmo. Imploro-Te que cubras
com Teu Perdão tudo o que permaneça em mim
de distanciamento ou desprezo ou que implique
95 qualquer tipo de identidade separada.

És O que estabelece e eleva,
O que origina e finaliza, O que diferencia e unifica.
Ó Estabelecedor! Ó Sublimador!
Ó Originador! Ó Finalizador!
100 Ó Diferenciador! Ó Unificador!

Proteção e Refúgio! Ajuda e Socorro!
Ó meu Protetor! Ó meu Auxiliador!
Libertação e Salvação! Santuário e Asilo!
Ó Tu em quem está minha libertação e meu santuário!

105 Peço-Te que me concedas tudo
o que Te solicitei e supliquei, por meio daquele
que é o primeiro da existência primordial,
a luz do mais perfeito conhecimento, o espírito
da mais eminente vida, o manto branco
110 da eterna compaixão, o céu do mais sublime caráter,
cujo espírito e eminência têm prioridade
e precedência, o que completou e selou
a [Divina] forma e o [ciclo da] profecia,
a luz que traz direção e esclarecimento,
115 a compaixão que traz conhecimento,
capacitação e segurança; Muḥammad,
o escolhido, o Enviado eleito,
o puro que foi aceito e aprovado,
cuja essência da profecia é o exemplo a ser seguido.

120 Que a bênção de Deus esteja sobre ele e sobre
sua família e companheiros, e que Ele
lhes dê saudações de imensa paz
até o Dia do Reconhecimento.

E louvado seja Deus, Senhor dos universos.

NOTAS

Apesar de a semana começar tradicionalmente no domingo, Ibn 'Arabī considera-o um caso especial, porque é o Dia do Único (*aḥad*). Como "único" não é um número, ele não o considera o início dos dias da semana. Dessa forma descreve a segunda-feira como "o início dos dias" (*ṣādr al-ayyām*; *Fut.* II:652).

Linha 2 Conformidade a Deus (*iqtidā'*) normalmente se refere a seguir o modelo e direção dos profetas. Ver, por exemplo, o verso com referência aos profetas, dezoito dos quais são explicitamente mencionados: "Esses são os que Allāh guiou. Então, segue sua orientação" (Corão, 6:90). A conexão da direção divina com a conformidade está também presente no seguinte hadith: "Deus nos guiou e nos conformamos a Ele".

Linhas 16-7 Corão, 3:26.

Linhas 35-7 Todas as criaturas são consideradas letras escritas pelo Cálamo, que simboliza o Intelecto Primeiro.

Linha 37-9 Isso pode referir-se às sabedorias que estão depositadas nas "palavras" dos profetas.

Linha 43-4 Alusão ao verso: "Não é Ele quem atende o contrito (*al-muḍṭarr*), quando este O invoca, e remove o mal e vos faz sucessores na terra? Há outro deus junto de Allāh? Quão pouco meditais!" (Corão, 27:62).

Linha 52-3 Literalmente, "anula-me ou faz-me desaparecer" (*amḥaqnī*). A raiz *m-ḥ-q* contém o significado básico de extinção ou obliteração, mas é tipicamente usada como o minguar ou o desaparecer da lua. Este último sentido parece mais apropriado aqui por causa da imagem de luz.

Linha 62 A palavra "alcance" (*wuṣūl*) é muito difícil de traduzir com precisão: alcançar Deus implica uma "distância" a ser vencida e, no entanto, não pode haver qualquer distância real, somente um abismo imaginário. Quando Ele remove esta ilusão, o buscador consegue então ver, através de Sua Visão, que já se encontra em União.

Linha 90 Alusão a "E teu Senhor decretou que não adoreis senão a Ele ..." (Corão, 17:23). Isto, para Ibn 'Arabī, significa que só podemos adorar a Deus, uma vez que Ele é o único Existente.

Linha 91 Alusão ao hadith: "Busco refúgio em Ti contra Ti". Em seu comentário, Ibn 'Arabī aponta que a segunda pessoa ("em Ti contra Ti") é repetida sem especificar a quem se refere: "Aquele que busca refúgio se vê de acordo com Sua Forma e assim diz: 'contra Ti', querendo dizer que ele se refugia em Deus contra Ele Próprio/si próprio (*min nafsihi*). Este "próprio" (ing. *self*; árabe, *nafs*) é a [divina] Semelhança... Pode-se então considerar ambos os pronomes como um [referindo-se ao mesmo sujeito] ou que a expressão 'contra Ti' refere-se [somente] à Semelhança que é o ego, que se refugia do ardil divino oculto. [E isto só se aplica ao] representante (*ḫalīfa*) que atinge a Forma divina em sua completude". (*Fut.* III:183)

Linha 95 Ou "o que me dá um nome ou sobrenome (*kunya*)". Literalmente, *kunya* denota ter filhos. Compare com o seguinte extrato de um poema no *Dīwān* (nº 94, p. 44):

> "Sou o Ressuscitador – não tenho *kunya*
> nem *nisba*. Sou o Árabe Hatimita, Muḥammad!
> Para cada época, há um que é sua Essência,
> E eu próprio sou agora este Indivíduo".

Linhas 98-100 O objetivo desta invocação é a atualização das propriedades destes Nomes divinos no servidor.

Linhas 109-10 "A veste/ tapete de compaixão" (*bisāṭ al-raḥma*) é uma expressão para o lençol ou manto no qual um cadáver é estendido e envolvido, e que é tradicionalmente o manto branco da pureza usado pelo peregrino, na Meca, durante a peregrinação. Esta frase poderia também ser lida de um modo mais figurativo como "aquele que estende compaixão eterna por toda a criação".

LEITURAS VARIANTES

Linha 2 (nota) Hadith: *Concordância*, vol V. p. 327, reportado por Ibn Ḥandal II.90.

Linhas 2-3 Hadith: *Concordância*, vol IV, p. 425, reportado por Tirmidhī (*Da'wāt*) e Ibn Ḥandal (I.9) etc.

Linhas 15-6 Seguindo [I], [R] e [W], em que se lê: *bi-mannika wa qudratika.*

Linha 48 Separado [P], todas as outras mensagens: *min ladunka*, referindo-se a *ilm ladunni* em que foi dado especificadamente para Ḫiḍr. Ver Corão, 18:65; "E encontraram um dos Nossos servos, ao qual concedêramos Misericórdia vinda de Nós e ensináramo-lhe ciência, de nossa parte".

Linha 74 Em [P] é adicionado "por meio de seu gracioso favor" (*bi-mannika*), mas isso não contribui para a rima do texto.

Linha 91 Hadith: *Concordância*, vol. IV, p. 427, relatado por Muslim (Ṣalāt 222), Tirmidhī (Da'wāt 67) e Ibn Ḥanbal (2.404)

Linha 93 Seguindo [I], [W] e [L], em que se lê, *baqiyya.*

Linha 108 Seguindo [I], [W] e [L], em que se lê, *nūr al-'ilm al-akmal.*

Prece da véspera de terça-feira

Em nome de Deus,
o Misericordioso, o Misericordiador:

Ó meu Deus, és o mais Poderoso no assalto,
o mais Pungente na captura, o mais Terrível
na conquista. [És] o sublimemente Exaltado
acima de todos os oponentes ou rivais,
5 Transcendente em relação *a qualquer consorte ou*
descendente. Cabe a Ti a repressão dos inimigos
e o domínio dos opressores. Enganas a quem queres,
és o Melhor dos embusteiros [*estrategistas*].

Ó meu Deus, peço-Te, pelo Teu Nome – com o qual
10 *agarras os inimigos pelos topetes* e os *fazes descer*
de suas fortalezas, e *infundes terror em seus corações,*
com o qual trazes a desventura ao povo do sofrimento
– que estendas Tua ajuda a mim
por um dos fios do Teu Nome "o Poderoso".
15 Que [este Nome] permeie meus poderes parciais e totais,
para que eu esteja apto a realizar o que desejo;
que a perversa opressão do malfeitor não me alcance,
nem os injustos em sua arrogância invistam contra mim.
Deixa que minha ira em Tua defesa e em Teu favor
20 seja comparável à Tua Ira por Teu Próprio Ser.
Oblitera a face dos meus inimigos,

transfigura-os em suas posições, aflige seus corações
e *coloca entre* eles e eu *uma grade cuja porta seja*
internamente compaixão e externamente punição.
25 Tu és o Mais Poderoso no assalto, o Mais Pungente
na captura e o Mais Terrível na punição.
E, assim, é a captura de teu Senhor,
quando captura as cidades, enquanto injustas.
Por certo, Sua captura é dolorosa e poderosa.

30 Ó meu Senhor, torna-me rico por meio de Ti,
acima da necessidade de outro que não Tu,
e que esta pura suficiência me liberte de todas as condições
que me possam fazer dependente de qualquer necessidade
humana ou exigência espiritual. Faz-me alcançar
35 a extrema tranquilidade em minha prosperidade [em Ti],
e eleva-me *ao lótus* do meu *limite extremo.*
Faz-me testemunhar a existência como um ciclo
e a jornada como uma órbita, para que eu contemple
o mistério da Descida Divina até seu último grau
40 e do Retorno ao absoluto início, em que o discurso
chega ao seu final e a vogal do "*lām*" é silenciosa,
em que o ponto do "*ghayn*" é removido de mim
e o Um retorna ao dois.

Ó meu Senhor, concede-me a clareza daquele segredo
45 que Tu concedeste para muitos de Teus santos,
a clareza que dissipará a névoa de minha [aparente]
autossuficiência. Ampara-me em tudo isso
por meio de uma luz radiante, *ofuscando os olhos de cada*
invejoso entre os djinns e os homens. Concede-me a dádiva
50 de uma aptidão que traga êxito em cada estação.
Faz-me rico acima da necessidade de outro que não Tu,

com uma riqueza que estabeleça
minha completa pobreza frente a Ti.

Certamente, és o Rico, o Louvável,
55 o Amigo, o Ilustre, o Generoso,
o Guia Discernente!

Que as bênçãos de Deus
estejam sobre nosso mestre Muḥammad
e toda sua família e companheiros.

NOTAS

As duas letras desta prece são: *shīn*, como em *shadīd* (poderoso), *baṭsh* (assalto) e *sha'n* (negócio); e *ghayn*, como em *ghani* (rico), *ghayma* (neblina) e *ghalaba* (vitória). A combinação delas é sugerida no verso "E pela noite quando a encobre" (*yaghshāhā*); (Corão, 91:4).

Linha 1 Alusão ao verso: "Por certo, o assalto de teu Senhor é mais poderoso" (Corão, 85:12). Esta combinação é encontrada em outra passagem no Corão em referência a povos antigos que se julgavam poderosos: "E quantas gerações aniquilamos, antes deles, mais poderosas que eles (*ashadda minhum baṭshan*)..." (Corão, 50:36).
Este Nome também aparece com um significado positivo na prece de Lot: "Se tivesse o poder sobre vós ou se encontrasse apoio poderoso (*rukn shadīd*)!" (Corão, 11:80). No Capítulo de Lot no *Fuṣūṣ al-Ḥikam*, Ibn 'Arabī escreve: "O Enviado de Deus disse: 'Que Deus tenha misericórdia de meu irmão Lot, pois encontrou um poderoso apoio', e quis dizer com isso que ele estava com Deus quanto ao [Seu Nome] Poderoso. Pelas palavras 'apoio poderoso' Lot queria dizer seu próprio povo e pelas palavras 'se tivesse o poder sobre vós', quis dizer [o poder de] resistência, que se refere ao poder de concentração que é peculiar ao homem" (Arabic, p. 127; *Fuṣūṣ*, p. 629; *Bezels*, pp. 157-8).

Linhas 1-2 Ambos os epítetos, o Poderoso (*shadid*) e o Severo (*alim*), são encontrados juntos na sura *Hud*, aplicados às gerações anteriores que desprezaram o convite divino enviado pelos profetas: "Por certo, Sua captura é dolorosa (severa), poderosa" (Corão, 11:102).

Linha 5 Referência a: "... Ele, glorificado seja, não tomou para Si nem companheira, nem filho" (Corão, 72:3).

Linha 8 Em Corão, 8:30, "O Melhor em estratagema".

Linha 10 Ver o verso: "Os pecadores serão reconhecidos por seus semblantes, e serão tomados pelos topetes e pelos pés" (Corão, 55:41).

Linhas 10-2 Ver o verso: "E Ele fez descer de suas fortalezas aqueles dentre os adeptos do Livro que os apoiaram, e infundiu terror em seus corações..." (Corão, 33:26).

Linha 12-3 Alusão aos versos: "Quando o dia chegar, ninguém falará senão com Sua permissão. Alguns estarão desgraçados e alguns em extrema felicidade. E os que estiverem desgraçados estarão no fogo, gemendo e gritando" (Corão, 11:105-106 e seguintes).

Linha 14 "Fios de ligação" (*raqā'iq*) é um termo técnico nos escritos de Ibn 'Arabī que denota aquilo que liga diferentes níveis de existência: "Entre os dois mundos há 'fios' que se estendem, de cada forma [espiritual] à sua forma semelhante [no baixo mundo], unindo-as, de modo que não sejam desconectadas. Ascensão e descida acontecem nestes fios, que são escadas ascendentes e descendentes" (*Fut.* III:260).

Linhas 21-2 Há duas alusões nestas linhas que são combinadas para dar ênfase. A primeira é parte da prece de Moisés ao deparar-se com a oposição e opressão do Faraó a seu povo no Egito: "Senhor nosso, extingue suas riquezas e aflige seus corações, para que não acreditem [em Ti] até que tenham sofrido dolorosa punição" (Corão, 10:88). A segunda alusão é ao verso: "Se Nós assim desejássemos, supriríamos seus olhos e então precipitar-se-iam no caminho, mas como poderiam ver? E se desejássemos, transfigurá-los-íamos em suas posições e eles não conseguiriam avançar ou recuar" (Corão, 36:66-67).

Linhas 22-4 Ver o verso: "... Será dito [aos hipócritas]: 'Retornai e buscai Luz'. Então estender-se-á, entre eles, uma grade com porta; em seu interior, haverá a misericórdia, e, em seu exterior, defronte, haverá o castigo" (Corão, 57:13).

Linhas 27-9 Corão, 11:102.

Linha 36 A expressão corânica "o lótus do limite extremo" (*sidrat al-muntahā*) indica para Ibn 'Arabī o ponto mais alto na ascensão (*mi'rāj*) que a alma como tal pode alcançar, o limite do sétimo céu. "Ele o viu em outra descida, no lótus do limite extremo, junto ao qual fica o Jardim da Morada, onde o lótus estava envolvido por aquilo que envolve (*yaghshā*)" (Corão, 53:13-16). Para outras referências, ver Ibn 'Arabī. *K. al-Isrā'*, texto Árabe p. 109.

Linha 41 O silêncio do *lām* refere-se à complexa compreensão de Ibn 'Arabī sobre a frase *li-llāh* (com em *al-ḥamdu li-llāh*, "louvado seja Deus"). Em Árabe, a primeira parte desta frase, *li*, é uma partícula escrita com a letra *lām*, significando "pertencendo a" ou "para"; a vogal, *i*, é chamada *kasra*, que é "separada" ou escrita abaixo da letra e está, portanto, em uma posição subordinada. A terminação em *kasra* é chamada "diminuição" (*ḫafdh*) pelos gramáticos, e foi interpretada pela tradição sufi como um símbolo de servidão. Ver, por exemplo, *Gramática dos Corações* (de *Qushayrī, Naḥw al-qulūb al-kabīr*), p. 40. A letra *lām*, portanto, simboliza o servo, que está "separado" ou subordinado a Deus, e quando sua vogal é silenciada (literalmente, "quando seu movimento cessa") ele é reunido a Ele e tudo o que resta é Deus (*Allāh*). Para o significado simbólico deste *li*, ver *Fut.* I:111ff., traduzido por Gerald Elmore em *Praise*, pp. 80ff.

Linha 42 Nos escritos de Ibn 'Arabī, a letra *ghayn* é um símbolo de separação ou distância da Realidade, pois é a primeira letra de *ghayr* (outro). Se o ponto é removido da letra *ghayn*, esta torna-se a letra *'ayn*, que significa também "Essência", que aqui pode referir-se à Realidade Única (*al-'ayn al-wāḥida*).

Linhas 42-3 A relação entre o Um e o dois está descrita na seguinte passagem: "O objetivo maior do servo é que ele glorifique seu próprio Eu, que ele contempla no Espelho [Divino], uma vez que o ser existenciado não tem capacidade de ter em si o Pré-Existente" (*Fut.* I:112, traduzido em *Praise*, p. 86).

Linha 48 Referência ao verso: "...E Deus está sempre abarcando os descrentes. O relâmpago ofusca seus olhos; quando brilha, andam à sua luz, e, quando a escuridão está sobre eles, detêm-se..." (Corão, 2:19-20).

Linhas 48-9 Alusões às duas suras sobre o "Refúgio" no final do Corão: "Refugio-me no Senhor do Alvorecer... contra o mal do invejoso quando inveja" (Corão, 113:1 e 5); e "Refugio-me no Senhor dos homens... contra o mal do intrigante quando sussurra nos corações dos homens, seja ele dos gênios (em árabe, *djinns*), seja ele dos homens" (Corão, 114:1 e 5).

Linha 54 Esta combinação dos Nomes "o Rico, o Louvável" (*ghanī ḥamīd*) ocorre frequentemente no Corão. Por exemplo: "Ó homens, sois os pobres em relação a Deus e Ele é o Rico, o Louvável" (Corão 35:15). Note que todos estes Nomes estão no modo *fa'īl*, que é tanto ativo como passivo.

LEITURAS VARIANTES

Linha 26 A expressão final *'aẓīm al-iqāb* é acrescentada em [R], [W] e [L], e em todos é mantida a rima do texto.

Linhas 42-3 Em [R], [W] e [I] e [P], em suas notas, lê-se "O Um triunfa sobre o dois" (*yaghilibu'l-wāḥīd 'alā'l-ithnayn*). Enquanto, à primeira vista, esta sentença possa parecer uma leitura mais lógica, nós podemos notar o seguinte subtexto léxico: a primeira letra da raiz composta por gh-l-b ("triunfar") é a letra *ghayn*, a letra que faz parte da prece.

Quando se lê seguindo [P] e [I], a raiz da palavra "retorno" (*ya'ūd*) se inicia com a letra *'ayn* que se obtém pela subtração do ponto da letra *ghayn*.

Prece da manhã de terça-feira

Em nome de Deus,
o Misericordioso, o Misericordiador:

Ó meu Senhor, mergulha-me no *insondável oceano*
de Tua Unicidade e no mar aberto
de Tua Unidade e fortifica-me com o poder soberano
e a autoridade de Tua Singularidade. Possa eu
5 emergir na vasta extensão de Tua Compaixão
[*raḥma*] com a face iluminada
pelo resplendor de Tua Proximidade,
uma das marcas de Tua Compaixão.
Que eu seja inspirador do temor reverencial
10 pelo Temor Reverencial que inspiras,
forte por Tua Força, poderoso por Teu Poder Ameaçador,
inquieto por Tua Inquietação Providencial,
exaltado por Tua Exaltação,
estimado e honrado por Tua Instrução e Educação.

15 Investe-me com o manto do Poder e da Aceitação.
Clareia-me os caminhos que levam à união e à realização.
Coroa-me com o diadema da alta nobreza
e da dignidade. Aproxima-me de Teus amados
neste baixo mundo e no mundo do eterno repouso.

20 Concede-me, da Luz de Teu Nome,
a autoridade e o temor reverencial de modo que corações
e espíritos a mim sejam guiados e que almas
e corpos a mim sejam trazidos em submissão.

Ó Tu, ante quem os opressores curvam suas nucas
25 em submissão, a quem os ávidos se rendem
em contrição! Ó Rei deste mundo e do outro!

Não há abrigo ou refúgio *de Ti exceto em Ti.*
Não há auxilio exceto o que vem de Ti.
Não há em quem se possa confiar senão em Ti.

30 Afasta-me das maquinações do invejoso
e das perversas maldades do obstinado!
Abriga-me sob a cobertura
de Teu Poderoso Afeto, ó Tu,
o mais Generoso dos generosos!

35 Ó meu Deus, concede ajuda a meu exterior e meu interior
para que eu possa alcançar Tua Satisfação, e concede luz
a meu coração e a meu mais íntimo segredo para que eu
tenha completa consciência dos caminhos de Tua obra.

Ó meu Deus e Mestre, como posso ser afastado
40 de Tua Porta, como um fracasso para Ti,
se a ela cheguei com plena confiança em Ti?
E como podes fazer-me desesperar de Tua dádiva
se me ordenaste pedir-Te?
Aqui estou, Teu servo devotado,
45 buscando refúgio em Ti!

Coloca distância entre mim e meus inimigos,
como colocaste distância entre o Leste e o Oeste.

Ofusca seus olhos, faz seus pés tremerem
e afasta de mim suas maldades e danos
50 por meio da luz de Tua Santidade
e da majestade de Tua Glória.

Certamente, Tu és Deus, Aquele que oferta presentes
e concede a maior das bênçãos,
o Mais Estimado, o Mais Venerado
55 por aquele que troca intimidades Contigo
sobre as sutilezas da benevolência e da compaixão.

Ó Vivente! Ó Autossubsistente! Ó Desvelador
dos segredos do místico e sagrado conhecimento!

Preserva-me com a majestade de Tua Santidade
60 e de Tua Glória! Certamente, Tu és Deus,
não há outro deus senão Tu; Tu, apenas, sem igual!
E dou testemunho que nosso mestre Muḥammad
é Teu servidor, Teu mensageiro e Teu amigo íntimo.

Que as bênçãos de Deus
65 estejam sobre nosso mestre Muḥammad,
sobre sua família e seus companheiros.

Glória a Ti, Senhor, o Senhor do Eminente Poder,
acima de tudo aquilo com que eles O qualificam.
A paz recaia sobre os mensageiros.
E louvado seja Deus, Senhor dos universos.

NOTAS

Dois manuscritos registram o que se considera um comentário oral do próprio Ibn 'Arabī ao escrever esta prece. Na margem do [R] encontramos os seguintes detalhes: "O *Shayḫ* Muḥyīddin Ibn 'Arabī, que Deus santifique seu segredo, disse: 'Dois homens de maravilhosos semblantes, vestidos de branco, apareceram para mim durante um retiro e disseram-me que orasse com esta prece, chamada de Prece do Desvelamento (*du'ā' al-kashf*')". Em [P] isto é confirmado com a seguinte informação: "Dois *Shayḫs* de maravilhosos semblantes apareceram para mim durante um retiro na Montanha da Abertura (*jabal al-fātḥ*) no ano 610 da Hégira. Um deles me disse: 'Transmite isto de mim a todos que buscam com sinceridade e aos aspirantes do objetivo comum'".

Tendo em mente a correspondência entre terça-feira e o profeta Aarão e que esta prece tem muitas referências mosaicas, pode-se inferir que os dois homens de maravilhosa aparência poderiam ser Moisés e Aarão, este último representando seu costumeiro papel de orador "público". Alternativamente, como terça-feira está também associada ao profeta João Batista (*Yaḥyā)*, pode-se, da mesma forma, considerar estas duas figuras como sendo Aarão e João. Já com relação à montanha, há muitas possibilidades: poderia ser algum lugar perto de Meca ou Medina, como o Monte *Hira*, onde o Profeta Muḥammad foi inspirado pelo Anjo Gabriel, ou talvez o Monte Sinai, embora não haja evidência de que Ibn 'Arabī tenha visitado tal lugar. Da mesma forma, poderia estar referindo-se a outras montanhas sagradas como o Monte Qāsiyūn, que cerca Damasco, ou o Monte *Tabor*, cenário da Transfiguração. O que fica claro é que os que ouviram as palavras de Ibn 'Arabī sabiam a que lugar ele se referia.

Linha 1 Alusão ao verso: "Ou são como trevas sobre um oceano impenetrável (*fī bahri lujjatī*), onda sobre onda cobrindo a superfície, acima da qual se encontram nuvens, escuridão sobre escuridão, na qual, ao se estender a mão, não se consegue vê-la. E aquele, a quem Allāh não faz luz jamais terá luz" (Corão, 24:40).

Linha 2 Alusão a duas passagens no Corão, nas quais, na primeira, o mar (*yamm*) destruiu tanto o Faraó como sua comitiva e, na segunda, varreu as cinzas do Bezerro de Ouro: "Revelamos a Moisés, 'Vai com Meus servos pela noite; abre-lhes um caminho seco no mar, não temendo ultrapassá-lo'. Faraó os seguiu com suas tropas, mas foram afogados no mar; Faraó desencaminhou seu povo e não o guiou bem" (Corão, 20:77-79); e "Nós certamente o queimaremos e espalharemos suas cinzas pelo mar. Só Deus é seu Deus; não há deus senão Ele, que tudo abarca em Sua Sabedoria" (Corão, 20:97-98).

Linhas 3-4 Alusão ao verso em que Deus se dirige a Moisés: "Nós fortaleceremos teu braço com teu irmão (Aarão) e outorgaremos autoridade a ambos" (Corão, 28:35).

Linha 20 "Teu Nome" refere-se à *Allāh*, o nome inclusivo que une todos os Nomes, enquanto "Teus Nomes" refere-se à pluralidade dos Nomes pelos quais Deus se manifesta.

Linha 27 "E aos três que foram deixados para trás (...), quando viram que não havia refúgio contra Deus, exceto em Deus. Em seguida, Ele voltou-se para eles, para que pudessem arrepender-se. Por certo, Deus perdoa e é Misericordioso" (Corão, 9:118). As outras frases fazem alusão à: "Só a Ti imploramos ajuda" (Corão, 1:5); e "Nele coloco minha confiança" (Corão, 9:129).

Linha 48 "...E Deus está sempre abarcando os descrentes. O relâmpago ofusca seus olhos; quando brilha, andam à sua luz, e, quando a escuridão está sobre eles, detêm–se. Se Deus assim desejasse, lhes tiraria a audição e a visão. Deus tem poder sobre todas as coisas" (Corão, 2:19-20).

Linhas 51 e 60 Há duas alusões à Glória divina (*majd*) nesta parte da prece, talvez em referência aos dois Nomes divinos desta raiz, *al-Mājid* e *al-Majīd*. No *Kashf al-ma'nā* (nº 49 e 66), Ibn 'Arabī especifica que *al-Mājid* denota eminência global (*sharaf jumali*) sem ser especificada, enquanto *al-Majīd* refere-se à eminência particularizada (*tafṣīl*).

Linha 60-1 Ressoando o conhecido hadith: "Não há deus senão Deus, somente Ele, sem parceiro".

Linhas 67-9 Corão, 37:180-2.

LEITURAS VARIANTES

Linhas 2-3 Seguindo [I], [R], [W] e [L], em que se lê, *fī yāmmi wāhīdiyyatika*.

Linhas 13-14 Seguindo [I], [R] e [W], em que se lê, *bi-ta 'līmika wa tarbiyatika*.

Linha 21 [I], [R] e [W] também acrescentam: *bi–nūri asmā'ika*.

Linha 35 Seguindo [I] que acrescenta: *wa bāṭinī*.

Linha 43 Seguindo [I], [R], [W] e [L], em que se lê: *amartanī*.

Linha 50 Seguindo [I], [R], [W] e [L], em que se lê: *idfa' 'ammī sharrahum ma ḍarrahum*.

Linhas 52-63 Esta sequência possui muitas variantes; a nossa leitura segue [W] e [L].

Linhas 60-1 (nota) Hadith: (Muslim, *Imān*, 46, etc.).

Prece da véspera de quarta-feira

Em nome de Deus,
o Misericordioso, o Misericordiador:

Ó meu Deus, Teu Nome é Mestre dos Nomes.
Em Tua Mão está o reino da terra e do céu.
És o Autoexistente que permanece em cada coisa,
velando por cada coisa. Riqueza além da necessidade
5 é firmemente estabelecida para Ti,
e todo outro que não Tu, todo "ele" e "eu",
carece da Santíssima Efusão
de Tua Generosidade.

Peço-Te, pelo Teu Nome, com o qual unes
10 as oposições complementares e as divisões
da Criação e do Comando; [Nome] com o qual assinalas
a não-manifestação de tudo o que aparece,
e fazes aparecer a manifestação de todo o não-manifesto:
confere-me a condição de Suporte Universal
15 pela qual eu possa abrandar os movimentos
de Teu Poder e Força, e que tudo o que seja estático
esteja em movimento em mim, e tudo o que esteja
em movimento torne-se estático em mim.
Então poderei encontrar, por mim mesmo, a *qibla*
20 de cada semblante e o unificador de cada diferenciação
particular, por meio de Teu Nome, para o qual meu olhar

está orientado e em cuja face minha própria vontade
e palavra evanescem. Deste modo, cada um tomará
de mim o *tição em brasa* da completa orientação,
25 que iluminará aquilo para o que Muḥammad,
o escolhido – paz e bênçãos estejam sobre ele –
o conduziu. Não fosse por ele,[61] o singular,
o Eu do Manifestador-do-Fogo não teria sido
três vezes afirmado para Moisés
30 – a paz esteja com ele.

Ó Ele que é Ele! Ele é o que Ele é e eu não sou!

Peço-Te, por cada Nome que deriva do *Alif* do Invisível,
que abarca a realidade de tudo o que é testemunhado,
que eu possa testemunhar a unidade
35 de cada múltiplo no interior da verdade imediata,
e a multiplicidade de cada unidade
no exterior da realidade última. Então,
deixa-me testemunhar a unidade do exterior
e do interior, de modo que o que for invisível
40 do que é exterior não seja de mim ocultado e o que for
oculto do que é interior não seja para mim invisível.
Deixa-me testemunhar a totalidade em tudo [nas coisas].
Ó Tu, *em cuja Mão está o reino de todas as coisas.*

Verdadeiramente Tu, Tu és Tu!

45 *Diz: "Deus" e deixa-os com suas discussões.*
Alif lām mīm. *Deus!, não há deus senão Ele,*
o Vivente, o Subsistente.

Ó meu Mestre, a Paz esteja Contigo, Tu és meu apoio.

---

61 Muḥammad (N.T.).

Para Ti não faz diferença se me dirijo a Ti
50 interior ou exteriormente, pois Tu ouves meu chamado
e respondes à minha prece. Com Tua Luz
baniste minha escuridão. Com Teu Espírito,
trouxeste à vida meu corpo inerte.
És meu Senhor: minha audição, minha visão
55 e meu coração estão em Tuas Mãos.
Tu te apoderaste da totalidade de mim.
Conferiste eminência à minha baixeza;
elevaste minha condição; exaltaste minha lembrança.

Que sejas sempre-abençoado! Luz das luzes! Desvelador
60 dos mistérios! Doador da vida em toda a sua extensão!
Descerrador das cortinas de proteção!

Na exaltação de Tua Majestade, és transcendente
muito além das características do contingente.
Tua Perfeição ultrapassa toda tentativa de atingi-la
65 com faltas, imperfeições ou desejos.
As terras e os céus são iluminados
pela pura visão de Tua Essência.
A Ti pertencem a mais alta Glória,
a mais abrangente Honra,
70 o mais inascessível Poder.

Sempre-Louvado e Santo é nosso Senhor,
Senhor dos anjos e do espírito! É Ele quem ilumina
as sombrias *fortalezas* e as substâncias escuras;
é Ele quem liberta os afogados no mar da matéria.
75 *Eu me refugio em Ti*
contra o crepúsculo em seu escurecer,
e contra os invejosos quando espreitam e esperam.
Ó meu Soberano Possuidor, chamo-te e rogo-te,

secretamente cheio de confiança [em Ti]
80 como um servo submisso, que sabe que estás ouvindo
e que firmemente crê que me vais responder,
que permanece em Tua porta, *contrito em absoluta*
necessidade, sem ninguém em quem confiar senão em Ti.

Peço-Te, meu Deus, por aquele Nome com o qual
85 derramas boas coisas, trazes bênçãos
e conferes crescimento àqueles que são gratos,
e com o qual resgatas da escuridão,
e com o qual repudias as gentes que associam[62]
e que são vis: que possas cobrir-me
90 com as vestes de Tuas Luzes, cegando os inimigos
e tornando-os sem poder. Concede-me, de Ti,
minha porção, como lume que me desvele
cada matéria oculta, que me revele cada mistério
e queime cada demônio sedutor.

95 Ó Luz de luz! Ó Desvelador de tudo o que é velado!
A Ti são retornadas as determinações.
Por Ti todo mal é afastado.
Ó Senhor, ó Misericordioso, ó Perdoador!

Possa a bênção de Deus estar sobre nosso mestre
100 Muḥammad, sobre toda sua família e seus companheiros.
A Paz esteja sobre os mensageiros.
E louvado seja Deus, Senhor dos universos.

---

62 O termo "associam" é tradução direta do árabe *sharḥ*, palavra que designa a associação de qualquer coisa a Deus, isto é, o politeísmo, considerado, no Islam, a maior de todas as transgressões (N.T.).

NOTAS

As duas letras desta prece são: *alif*, como em *Allāh*, *ism* (nome), *ana* (eu) e *anta* (tu - masculino); e *sīn*, como em *sayyid* (mestre), *salām* (paz), *samad* (apoio), *subbūh* (glorificante) e *ism* (nome).

Linha 1 "Teu Nome" é *Allāh*, que une todos os Nomes.

Linhas 1-3 Alusão ao verso "Glória a Ele, em cuja Mão está o reino de todas as coisas!..." (Corão, 36:83).

Linha 3 A palavra "subsistente" (*qā'im*) vem da raiz *q–w–m*, cujo significado básico de "ficar ereto", e passa a significar "ser existente" ou "subsistir", o que corresponde à verticalidade da letra *alif*.

Linha 6 Os dois pronomes "ele" e "eu" denotam todos aqueles que estão presentes e ausentes com exceção d'Aquele a quem se dirige.

Linha 14 Esta é a condição de ser Suporte para todos os Nomes. "O *Ṣamad* (Apoio) é a presença em que os efeitos dos Nomes são manifestados". (*Kashf* / Secreto, nº 68) "Esta é a Presença do Recurso e da Confiança (*al-iltijā wa-l-istinād*) para a qual se voltam em busca de apoio todos os que estão em necessidade". (*Fut.* IV:295) Há aqui também uma alusão à sura *al-Iḫlās* (Corão, 112), na qual Deus é descrito primeiramente como Único (*aḥad*) e, em seguida, como Suporte Universal (*ṣamad*).

Linhas 17-18 As raízes em árabe *ḥ-r-k* e *s-k-n* (das palavras "movimento" e "estático", respectivamente) também se referem à vogalização e à não-vogalização das letras.

Linhas 19-21 Da mesma forma que *qibla* define a direção em que todos os muçulmanos oram, também o Nome *Allāh* pode ser considerado a *qibla* dos Nomes, pois cada Nome se refere a (ou é orientado para) Ele. *Allāh* é também o unificador ou sintetizador (*jāmi'*) de todos os Nomes, no sentido de que são, em última análise, idênticos a Ele. Da mesma forma, no que se refere às letras, o *alif* é tanto *qibla* quanto unificador.

Linha 24 Alusão à história de Moisés no Monte Sinai: "E chegou–te o relato de Moisés? Quando ele viu um fogo, então, disse à sua família: 'permanecei aqui. Por certo, entrevejo um fogo. Talvez vos traga dele um tição (*qabaṣ*), ou encontre, junto do fogo, alguma orientação (*hudā*)'. E quando chegou a ele, chamaram-no: 'Ó Moisés! Por certo, Eu sou teu Senhor. Então, tira tuas sandálias: por certo, estás no vale sagrado de *Tuwa*[63]. E Eu te escolhi; então, ouve o que te será revelado. Por certo, Eu sou Allāh; não há deus senão Eu; então, adora-Me e cumpre a oração em Minha Lembrança'" (Corão, 20:9-14).
Também em Corão 28:29-31, nota-se que o relato indica que o cajado de Moisés, que ele levou para a montanha, foi transmutado em uma coisa viva. Depois de tirá-lo do Fogo Divino, ele o trouxe de volta como o tição que demonstraria ao Faraó o significado do Deus Único. O cajado de Moisés é, para Ibn 'Arabī, um símbolo direto da letra *alif* (ver apêndice D).

Linhas 27-30 Refere-se ao Discurso divino a Moisés a partir da Sarça Ardente: o "Eu" divino é mencionado três vezes (**Eu** sou o teu Senhor; **Eu** te escolhi; **Eu** sou Deus) e três vezes em uma sentença (*innanī ana Allāh lā illāha illā ana*). De acordo com Ibn 'Arabī, três é o primeiro número "singular" ou ímpar (*fard*) e é diretamente ligado a Muḥammad. Ver o capítulo "Sabedoria da Singularidade (*fardāniyya*) no Verbo de Muḥammad" no *Fuṣūṣ al-Ḥikam*.

Linha 43 "Glória a Ele, em cuja Mão está o reino de todas as coisas! E a Ele sereis retornados" (Corão, 36:83).

---

63 Situado nas imediações do Monte Sinai este é o nome do vale citado na Bíblia (Êxodo 3:5). (N.T.)

Linhas 45-6 "...Dize: 'Quem fez descer o Livro com que Moisés chegou, como luz e guia para os humanos? Vós o fazeis agora em folhas soltas, de que mostrais algo e escondeis muito. E fostes ensinados do que não sabíeis, nem vós nem vossos pais'. Dize: 'Foi Allāh.' Em seguida, deixa que se divirtam, em suas confabulações" (Corão, 6:91). Em *Fut.* IV:141-2, Ibn 'Arabī descreve esta frase final como sendo a invocação (*hijjīr*) peculiar a Abū Madyan, ao explicar que a palavra "eles" refere-se aos Nomes divinos. Cada um deles luta para manifestar sua própria liderança (*ḥukm*) e discute com os outros seus próprios méritos. O verso, então, significa: deixa-os entreter-se mutuamente e volta-te exclusivamente para o Nome *Allāh*, que une todos os Nomes.

Linhas 46-7 Corão, 3:1-2. Com relação às três letras iniciais desta sura, ver *Fut.* I:61 (traduzido por Gril, *in Meccan Illuminations*, p. 461). Os versos corânicos aqui citados e na nota acima dão particular proeminência ao Nome *Allāh*.

Linhas 56-8 Ver sura *al-Inshirāh*: "Não te dilatamos o peito? E não te depusemos (*waḍa'nā*) o fardo, que te vergava as costas? E não te elevamos a fama (*rafa'nā laka dhikraka*)? Então, por certo, com a dificuldade, há facilidade (*yusran*)! Por certo, com a dificuldade, há facilidade!" (Corão, 94:1-6).

Linhas 66-8 Alusão ao hadith: "Chamo os sete céus e as sete terras como testemunhas para Ti". (Ibn Ḥanbal V.135) A palavra *shuhūd* tem tanto o sentido de "testemunha" quanto de "visão/contemplação".

Linhas 71-2 Referente à "Noite do Poder" na sura *al-Qadr*: "Nela, descem os anjos e o Espírito, com a permissão de seu Senhor, encarregados de toda ordem" (Corão, 97:4). Esta linha é tida como uma fórmula recitativa dada pelo Profeta a sua filha, Fátima. É o correspondente islâmico ao Trisagion bíblico, a invocação de santidade, três vezes repetida e cantada na Igreja oriental: "Santo, santo, santo, Senhor Deus Todo-poderoso, que foi, é e está para vir" (Ap.4:8; ver também Is.6:3).

Linha 73 Corão, 33:26.

Linha 74 Alusão à história de Moisés: "E lembrai-vos de quando, por vós, separamos o mar; então salvamo-vos, e afogamos o povo de Faraó, enquanto olháveis" (Corão, 2:50).

Linhas 75-6 Corão, 113:3-5.

Linhas 82-3 Estas linhas contêm uma espécie de comentário ao Corão, 27:62: "Não é Ele Quem responde ao necessitado (*al-muḍṭarr*) quando este O invoca e remove o mal e vos faz sucessores, na terra? Há outro deus junto de Allāh? Quão pouco meditais". A última parte também cita o verso: "E concedêramos a Moisés o Livro, e o fizéramos orientação para os Filhos de Israel, dizendo: 'Não tomeis, além de Mim, patrono algum'" (Corão, 17:2).

Linhas 85-9 Todos estes termos são alusões a passagens corânicas que mencionam especificamente o Nome *Allāh*: por exemplo, Corão, 4:113 ("trazer para baixo", *anzala*), Corão, 14:7 ("agradecido", *shukr*), Corão, 14:5 e 5:16 ("escuridão", *ẓulumāt*) e Corão, 22:52 ("despedir", *nasaḥa*).

Linha 96 Alusão ao verso: "D'Ele é a soberania dos céus e da terra. E a Allāh são retornadas as determinações." (Corão, 57:5).

Linhas 96-7 Ver o verso: "E por certo, somos Poderoso para fazer-te ver o que lhes prometemos. Afasta o mal com o que é melhor. Nós somos bem Sabedor do que alegam" (Corão, 23:95–96).

LEITURAS VARIANTES

Linhas 24-7 Seguindo [I], [R], [W] e [L], lê-se, "*hudān tuḍiḥu lahu ma amma amamāhu sayyidinā Muḥammad*". Esta sentença é uma clara referência à função do "Selo dos Santos" e expõe os significados interiores da Revelação trazida pelo profeta Muḥammad.

Em uma alternativa em [P], pode-se ler, "completa direção em que se originou a liderança de Muḥammad".

Linha 31 Lê-se: *yā man huwa huwa, huwa mā huwa wa-lā ana*. Todos os manuscritos divergem neste ponto e podemos considerar a possibilidade de mais significantes na leitura que combinem com o paralelismo da Divina Pregação, de acordo com as linhas 27-30:

innanī ana	*Allāh*	*la ilāha illā ana*
Verdadeiramente Eu sou Eu	Deus	Não há outro deus senão Deus
ya man huwa hū	*Huwa*	*mā huwa illā anā*
Ó Ele que é Ele	Ele	Não há outro ele a não ser Eu

Linha 42 Seguindo [I], [R], [W] e [L], em que se lê, *wa na tushhidanī'l-kulla fi'l-kull*.

Linha 44 Seguindo [I], no qual se lê, *innaka anta anta* (Tu és, Tu, Tu). O pronome em segunda pessoa é repetido três vezes e complementa a tríplice repetição Divina.

Linha 55-6 Em [R] e [W] se adiciona "Tornaste minha tarefa fácil" (*wa yassarta amrī*).

Linhas 71-2 Hadith: Concordância, vol. V, p. 320.

Linhas 75 em [I] lê-se, "mar de paixões" (*bahr al-hawā*).

Linhas 90-1 Seguindo [I], [R], [W] e [L], lê-se, *ḥāsiratan* (e não *ḥāsiratan*) e *ḫāṣiratan* (e não *qāṣiratan*).

Prece da manhã de quarta-feira

Em nome de Deus,
o Misericordioso, o Misericordiador:

Ó meu Senhor, confere-me a honra
de contemplar as luzes de Tua Pura Santidade
e o apoio para manifestar o poder e a autoridade
de Tua Intimidade, para que eu me possa girar
5 de acordo com a glória dos conhecimentos
[que emanam] de Teus Nomes, e que este giro
me possa desvendar os segredos de cada átomo
de meu ser, em cada esfera que eu venha a contemplar.
Que eu possa, por meio disso, vir a testemunhar
10 o que colocaste no interior dos reinos sensível
e não-sensível e possa contemplar como o mistério
de Teu Santo Poder permeia as evidências
das naturezas divina e humana.

Concede-me conhecimento completo e sabedoria
15 universal para que não haja nada cognoscível
[no universo] sem que eu venha a conhecer os fios sutis
de suas complexidades, urdidos na existência.
Por meio disso, possa eu afastar a escuridão
das coisas criadas que impedem a percepção
20 das realidades de [Teus] Sinais e que, por meio disso,

eu possa dispor livremente dos corações e espíritos,
irradiando-lhes amor verdadeiro e amizade,
direção e reta conduta.

Certamente, és o Amante que é Amado e o Aspirante
25 que é Aspirado. Ó Tu *que fazes que os corações* [a Ti]
se voltem sem cessar. Ó Tu que removes toda grande aflição!
Tu és O Profundo Sabedor das coisas invisíveis,
Aquele que coloca um véu sobre todas as imperfeições,
Aquele que cobre todo pecado com o perdão.
30 Ó Tu, que nunca deixaste de ser o Todo-Perdoador!
Ó Tu, que nunca deixaste de velar e proteger!

Ó Perdoador! Ó Ocultador! Ó Preservador!
Ó Protetor! Ó Defensor! Ó Benfeitor!
Ó Verdadeiro Afetuoso! Ó Bondoso Complacente!
35 Ó Sutilíssimo e Benevolente! Ó Todo-Poderoso
e Invencível! Ó Paz Perfeita e Infinita!

Perdoa-me, oculta-me e preserva-me.
Protege-me e defende-me.
Concede-me beneficência, afeição e indulgência.
40 Sê benevolente comigo, torna-me invencível
e dá-me paz e segurança.

Não me repreendas pela baixeza de minhas ações
e não me retribuas o mal de minhas obras.
Corrige-me sem demora por meio de Tua Benevolência
45 e purifica-me com a pureza de Tua Compaixão universal.
Não deixes que eu sinta necessidade de outro senão de Ti.
Protege-me e absolve-me.
Torna minha história íntegra
e apropriada para Ti.

50 *Não há deus senão Tu! Glória a Ti,*
por certo, fui dos injustos.
Tu és o Mais Misericordioso dos misericordiosos!

Que a bênção de Deus esteja sobre nosso mestre
Muḥammad, sobre sua família e seus companheiros,
55 saudações a todos eles.
Que a Paz esteja com os mensageiros.
E louvado seja Deus, Senhor dos universos.

NOTAS

Linha 2 Alusão ao verso: "Eles dizem: o Omnicompassivo (*ar-Rahmān*) adotou filhos. Glória a Ele! Mas eles [os anjos] são apenas servos honrados (*'ibād mukramūn*); a Ele ouvem em primeiro lugar e agem segundo Seu comando" (Corão, 21:26-27).
Esta é uma clara referência a Jesus, regente[64] deste dia. Ao longo desta prece encontramos muitos exemplos tirados da sura "Os Profetas", que diz respeito à mensagem trazida pelos enviados e o subsequente julgamento de Deus sobre seus povos, libertando os homens de fé e destruindo os descrentes. Este julgamento divino é particularmente associado à função de Jesus em seu Segundo Advento.

Linha 6 O termo "girar", para traduzir o árabe *taqallab* é, aqui, uma espécie de licensa poética. Literalmente, o termo refere-se a uma inversão dentro de um ciclo ou uma espiral (entre, por ex., o dia e a noite). É frequentemente utilizado por Ibn 'Arabī para expressar a maneira pela qual o coração (*qalb*, da mesma raiz de *taqallab*) deve inverter-se – ou "virar de cabeça para baixo" – para ser capaz de perceber as revelações divinas (teofanias). Na prática, o simbolismo da circularidade, presente nesta relação, implica em que a inversão seja também um giro, e que o movimento constante de inversão do coração, que assume a cada instante uma nova forma, seja igualmente o ato de girar. Uma imagem desta ideia pode ser sugerida por um caleidoscópio. Esta flutuação ou variabilidade é a principal característica do coração (ver *Fut.* II: 198; e *Fuṣūṣ al-Ḥikam*, *Arabic* pp. 120-2; *Fuṣūṣ*, pp. 608-9; *Bezels*, pp. 149-50).

---

64 No inglês está: "whose day this is". Propomos "regente" que é uma terminologia astrológica, compatível, portanto, com a obra de Ibn 'Arabī. Cf. Titus Burckhardt, *Clé Spirituelle de l'Astrologie Musulmane d'après Mohyiddīn Ibn Arabī*, Archè Milano, 1974 (N.T.).

Linha 10 Literalmente, "os mundos do reino e da realeza" (*mulk wa malakūt*).

Linha 12-3 Esses dois aspectos, natureza divina e humana, são precisamente o que originou a confusão em torno da manifestação de Jesus (ver o cap. "O engaste de uma Sabedoria Profética no Verbo de Jesus", em *Fuṣūṣ al-Ḥikam*).

Linha 14-5 Alusão ao fato de que Jesus é o Selo da Santidade Universal, cuja sabedoria abarca todas as condições da santidade (ver, por ex., *Fut.* II:9 e Chodkiewicz, *Seal of the Saints*, cap. 8).

Linha 20 Ver o verso no qual as pessoas reclamavam: "...Que ele [Muḥammad] nos faça vir um sinal igual ao com que foram enviados aos profetas antepassados" (Corão, 21:5); e também o verso: "Insuflamos nela [Maria] Nosso Espírito e fizemos dela e de seu filho um sinal para todos os seres" (Corão, 21:91).

Linha 23 "Nós concedemos anteriormente a Abraão sua reta conduta (*rushd*)" (Corão, 21:51).

Linhas 25-6 Hadith, Concordância, vol. V, p. 459.

Linha 26 A sura 21 ["Os Profetas"] refere-se a nada menos que quatro profetas que, após passarem por grandes aflições, tiveram suas preces respondidas. Por exemplo: "E Noé, quando, antes, Nos chamou, então, atendemo–lo e salvamo–lo e à sua família da grande aflição (*al-karb al-'aẓīm*)" (Corão 21:76).

Linha 27 Esta frase é encontrada duas vezes na sura 5, *al-Mā'ida*. Na primeira vez, ela é proferida por todos os Enviados quando questionados sobre o Dia do Julgamento: "Lembra-lhes, Muḥammad, de que, um dia, Allāh juntará os Mensageiros, então, dirá: 'Que reposta vos foi dada?'; e eles dirão: 'Não temos ciência disso; Por certo, Tu, Tu és O Profundo Sabedor das coisas invisíveis" (Corão, 5:109). Na segunda vez, esta frase é proferida pelo próprio Jesus quando questionado por

Deus: "...Tu sabes o que há em mim, e não sei o que há em Ti. Por certo, Tu, Tu és O Profundo Sabedor das coisas invisíveis" (Corão, 5:116).

Linha 42 Esta é uma das três frases, nesta parte da prece, que lembra os versos finais da sura *al-Baqarah*, em que se afirma que nenhuma distinção deve ser feita entre qualquer de Seus Enviados e na qual a seguinte prece é dada a todas as pessoas de fé: "Senhor nosso! Não nos culpes, se esquecemos ou se erramos. Senhor nosso! E não nos carregues de pesados fardos como deles carregaste aos que foram antes de nós. Senhor nosso! E não nos carregues daquilo para o que não temos força. E indulta-nos e perdoa-nos e tem misericórdia de nós. Tu és nosso Protetor: então, socorre–nos contra o povo renegador da Fé." (Corão, 2:286).

Linha 45 Ver o verso em referência a Abraão, Isaac e Jacó: "Na verdade, Nós os purificamos com a qualidade mais pura, a lembrança da Morada Eterna" (Corão, 38:46).

Linha 48 Ao longo da sura 21, há numerosas referências à integridade dos profetas (*sāliḥ*). Além disso, há dois versos vinculando a outros a mesma qualidade: "E quem faz as boas obras (*salihati*), enquanto crente, não haverá negação de seu esforço; e, por certo, estamo–lhe escrevendo as ações", (94) e "E com efeito escrevemos, nos salmos, após a Mensagem, que a terra, herdá-la-ão Meus servos íntegros (*salihuna*)" (105).

Linha 51 "E Jonas [*Dhū'l-Nūn*], quando se foi, irado, e pensou que não tínhamos possibilidade de repressão contra ele; então, clamou nas trevas: 'Não há deus senão Tu! Glória a Ti, por certo, fui dos injustos'. Então, atendêmo-lo e salvâmo-lo da angústia. E, assim, salvamos os crentes". (Corão, 21:87-88).

Linha 52 Referindo-se ao verso: "E Jó, quando chamou a seu Senhor: O mal tocou-me e Tu és O Mais Misericordiador dos misericordiadores!' Então, atendemo-lo e removemo-lhe o que tinha de mal. E concedemo-lhe, em restituição, sua família e, com ela, outra igual, por misericórdia de Nossa parte e por lembrança para os adoradores." (Corão, 21:83-84). Esta frase também é encontrada na prece de Moisés: "Moisés disse: 'Senhor meu, Perdoa-me e a meu irmão [Aarão] e faze-nos entrar da Tua Misericórdia, e Tu és O Mais Misericordiador dos misericordiadores" (Corão, 7:151).

LEITURAS VARIANTES

Linhas 3-4 Em [I] lê-se, "abastece-me com o poder manifestado de Tua Intimidade" (*bisatwati ẓuhūri unsika*).

Linhas 11-2 Em alguns manuscritos lê-se, *u' āyina sarayāna sirri qudsika*, enquanto em outros lê-se, *sirri qudratika*. A presente tradução combina os dois significados.

Linha 14 Em alguns manuscritos, em suas notas marginais, [P] e [I], [R] e [Y], lê-se, "sabedoria universal consumada" (*ḥikmatan bālighatan 'ammatan*). Esta é uma expressão corânica (ver Corão, 54:5).

Linha 33 Seguindo [R], [W] e [L], lê-se, *wāqin*.

Linha 39 Em [Y], [R], [W] e [L], adiciona-se *wa-r'af bī*.

Prece da véspera de quinta-feira

Em nome de Deus,
o Misericordioso, o Misericordiador:

Ó meu Mestre, Tu és o autor das causas
e seu ordenador, o diretor dos corações
e o seu comovedor. Peço-Te, pela sabedoria
que determina a ordem das causas primeiras
5 e o efeito das mais altas sobre as mais baixas,
que me propicies testemunhar o arranjo ordenado
das causas ascendentes e descendentes
para que eu possa testemunhar
seu interior no exterior e a primeira na última.
10 Deixa-me enxergar a sabedoria do arranjo ordenado
ao testemunhar o Arranjador e como o Autor das causas
precede a causação, para que o olho do *'ayn*
não seja velado pelo [ponto do] *ghayn*.

Ó meu Deus, estende até mim a chave do ouvido [ouvinte]
15 que é a Caverna do conhecimento místico,
para que eu possa iniciar cada abertura
pelo Teu Nome "o Incomparável Inventor",
por meio do qual abres cada *inscrição* escrita.

Ó Tu, por meio de cujos Nomes eminentes,
20 rebaixas quem se vangloria! Tudo é por meio de Ti

e Tu és sem [necessidade de] nós.
Tu és o Inventor Original de tudo e seu Criador.
A Ti cabe o louvor, ó Originador Sem Defeito,
em cada começo! A Ti o agradecimento,
25 ó Perpétuo Suportador, em cada final!
Tu és o que faz aflorar todo o bem,
o interior de todos os interiores
que se estende aos mais longínquos alcances das coisas,
o expansivo provedor de nutrição para todos os seres.

30 Ó Deus, banha-me com bênçãos
até o fim absoluto, assim como abençoaste
Muḥammad e Abraão.

Certamente, isto é de Ti e para Ti;
e é em Nome de Deus, o Omnicompassivo,
35 *o Misericordioso. Ó Tu que és o Inventor Incomparável*
dos céus e da terra! Quando Ele ordena uma coisa,
Ele diz a ela "Sê!" e ela é.

Ó meu Deus, és o Chão firmemente estabelecido,
anterior a todos os constantes; e O Que permanece
40 e tolera eternamente após todos os falantes e não-falantes.
Não há deus senão Tu,
e não há existente senão Tu.

A Ti pertencem a grandiosidade, o poder,
a glória e o reino! Oprimes os opressores
45 e destróis a trapaça do injusto; rompes com os laços
dos que se desviam e constranges à humilhação
os pescoços dos arrogantes.

Peço-Te, ó Tu que superas todo vitorioso,
ó Tu que ultrapassas todo fugitivo: [concede-me]

50 o manto de Tua Dignidade, o cinto de Tua Majestade
e o pálio do Temor a Ti e de tudo o que está além,
que ninguém conhece a não ser Tu, de modo que
eu possa estar revestido do temor de Teu Temor,
perante o qual os corações possam ser movidos
55 à humildade e os *olhos baixados* em deferência.
Faz-me mestre do topete de cada *tirano obstinado*
e *demônio rebelde*, cujos *topetes* estão em Tua Mão.
Conserva-me na humildade da servidão em tudo isto,
protege-me de todos os lapsos e falhas
60 e apoia minha palavra e ação.

És Tu [Mesmo] que reasseguras os corações
e concedes alívio às preocupações! Não há deus senão Tu.

Que a bênção de Deus esteja sobre o nosso mestre
Muḥammad e sobre toda a sua família.
65 *E louvado seja Deus, Senhor dos universos.*

NOTAS

As duas letras desta prece são: *bā*, como em *sabab* (causa), *qalb* (coração), *tartīb* (arranjar), *badī'* (inventor), *bāqī* (tolerante), *bā'ith* (instigante), *bāṭin* (interior), *bāsiṭ* (dilatador) e *baraka* (bênção); e *thā*, como em *thābit* (firmemente estabelecido) e *muthabbit* (tranquilizador).

Linha 13 Este é um lindo exemplo do complexo entendimento que Ibn 'Arabī tem das letras e de seu simbolismo. A palavra *'ayn* pode significar tanto "essência", "fonte" ou "olho", ou referir-se à letra do alfabeto de mesmo nome. Aqui, ela significa a realidade essencial do contemplativo. A única diferença na escrita entre a letra *'ayn* e a letra *ghayn* é um ponto. Quando a letra *ghayn* é escrita, pode ser entendida como um *'ayn* que foi oculto pelo ponto, uma vez que, como palavra, *ghayn* também significa "nuvem". Também indica a separação (*ghayr*) da Realidade. Assim o conhecimento da causa permite ao olho do contemplativo ver claramente, sem obscuridade.

Linhas 14-8 Esta parte da prece é uma alusão à famosa história dos Adormecidos nos versos: "Supões que os 'Companheiros da Caverna' *(kahf)* e da Inscrição (a*r-Raqīm*) sejam, entre Nossos Sinais, algo de admiração? Quando os jovens se abrigaram na caverna, e disseram: 'Senhor nosso! Concede-nos Misericórdia de Tua parte e, para nós, dispõe retidão em tudo o que nos concerne.' Então, na Caverna, estendemo-lhes um véu sobre os ouvidos (*ādhān*), durante vários anos" (Corão, 18:9-11 e seguintes).

Estes jovens estão tradicionalmente associados aos Adormecidos de Éfeso, os primeiros seguidores de Jesus, que se refugiaram numa caverna para fugir das perseguições em massa aos Cristãos da época. Sabe-se que lá permaneceram adormecidos por centenas de anos. O desligamento físico dos Adormecidos em relação ao mundo é símbolo potente do desapego interior dos contemplativos. Como Ibn 'Arabī observa, no Capítulo 205 do *Fūtūhat*: "Os buscadores, não sabendo quem é o Manifestado e o Testemunhado e quem é o mundo, escolheram o retiro para ficar só com Deus. Uma vez que a multiplicidade verificada na existência os oculta de Deus, escolheram afastar-se". (*Fut*. II:484) E complementa que, se eles conhecessem a situação real, eles O testemunhariam em todas as coisas. O *Sayḫ* também se refere a este ponto no *Ḥilyat al-Abdāl*: "Há dois tipos de reclusão: a reclusão dos aspirantes, que consiste em não se associar a outros fisicamente, e a reclusão dos comprovadores, que consiste em não ter contato no coração com as coisas criadas".

Linhas 19-21 Alusão ao hadith: "Somos por meio d'Ele e para Ele" (*naḥnu bihi wa lahu*). Ver SDG, p. 441.

Linhas 33-5 Ver o verso: "a rainha [Belqis, rainha de Sabá] disse: 'Ó Dignitários! Por certo, uma nobre missiva foi-me enviada. Por certo ela é de Salomão. E, por certo, é: 'Em nome de Allāh, O Misericordioso, O Misericordiador. Não vos sublimeis em arrogância sobre mim, e vinde a mim como submissos'" (Corão, 27:29-31). A palavra "ela" no relato corânico se refere à "missiva" (*kitāb*) de Salomão, palavra que em outros contextos geralmente significa "o Livro (do Corão)". O uso desta citação indica que a divina bênção é de Deus e para Deus, e/ou de seu "Salomão" para sua "Belqis".

Linhas 35-7 Corão, 2:117. Ibn 'Arabī explica a criação das coisas do seguinte modo: "uma coisa trazida à existência, significa que ela se torna o lugar de manifestação para Deus; este é o significado de 'e ela é'. Não significa que ela adquire existência, somente adquire a propriedade de ser um lugar de manifestação" (*Fut*. II:484).

Linha 50 Alusão a um hadith *qudsī*[65] segundo o qual Deus diz: "Dignidade/Grandeza é Meu manto e Majestade, Meu cinto. Aquele que luta contra Mim por qualquer um dos dois, Eu o lançarei no fogo" (*Mishkāt*, nº 15).

---

65 Ver nota 52.

Linha 55 Referência ao verso: "Um dia, quando o primeiro soar da Trombeta fizer tudo estremecer, seguido pelo segundo soar, nesse dia, haverá corações turbulentos; suas vistas estarão humildemente baixas" (Corão, 79:6-9).

Linha 56 Verso: "E esse era o povo de Ad: negaram os sinais de seu Senhor, desobedeceram a Seus Mensageiros e seguiram o comando de todo tirano obstinado" (Corão, 11:59).

Linha 57 Ver: "E dentre os humanos, há quem discuta acerca de Allāh, sem ciência alguma, e segue todo demônio rebelde; é-lhe prescrito que, a quem o seguir, ele o descaminhará e o guiará para o castigo do fogo ardente." (Corão, 22:3-4).

Linha 57 Referência a: "... Não há criatura que Ele não tenha pelo topete. Certamente meu Senhor está no reto caminho" (Corão, 11:56).

LEITURAS VARIANTES

Linhas 14-5 Seguindo [I], lê-se *udhn*. Em [P], lê-se *idhn* ("permissão"). Tudo é feito somente com a permissão de Deus, e Ele autoriza cada ação com o comando "Sê!". Muitos manuscritos estão com o texto sem vogais, o que permite diferentes leituras.

Linhas 23 Seguindo [R] e [W], lê-se *ya bari*. Em outros manuscritos, lê-se *yā rabb* ("ó Senhor"). Em todos é encontrada a letra *ba*.

Linhas 30-2 Seguindo [I] e [R], lê-se *bārik Allāhuma alayya fi 'āḫirīn, kamā bārakta alā Muḥammadin wa Ibrāhīm*. Esses dois profetas (Muḥammad e Abrahão) são tradicionalmente relembrados nas saudações (*ṣalawāt*) ao final das orações rituais.

Linha 50 Ḥadīth *qudsī* (Muslim, *Birr* 136; Ibn Māja, *Zuhd* 16).

Linha 59 Seguindo [R], [W] e [L], lê-se *a'simni min al-ḫata' wa'l-zalal*.

Prece da manhã de quinta-feira:

EM NOME DE DEUS,
O MISERICORDIOSO, O MISERICORDIADOR:

Ó meu Deus, és o Subsistente em Tua própria Essência;
Abrangente em Tuas Qualidades; Revelado
por meio de Teus Nomes; Manifesto em Teus Atos;
e Oculto, pois és somente conhecido por Ti!
5 Estás Sozinho em Tua Majestade, pois és o Um,
o Único; e fizeste a Ti mesmo Singular,
enquanto perduras na eternidade sem começo nem fim.
Tu, Tu és Deus, que, em virtude da Unicidade,
és o Único a quem o *iyyāka* faz referência.
10 Contigo, não há outro senão Tu;
Contigo, não há nada senão Tu.

Peço-Te, ó Deus, por minha aniquilação
em Tua Subsistência, e por minha subsistência
por meio de Ti, não Contigo.

15 Não há deus senão Tu!

Ó meu Deus, faz que eu fique ausente [de mim]
em Tua Presença, aniquilado em Teu Ser
e extinto em Tua Contemplação.
Aparta-me de tudo o que me aparta de Ti;

20 ocupa-me somente de Ti,
afastando-me de tudo o que me distrai de Ti.

Não há deus senão Tu!

Ó meu Deus, Tu és o Verdadeiramente Existente,
e eu o fundamentalmente não-existente. Tua Subsistência é
25 em virtude de Tua Essência; minha [existência] é acidental.
Então, meu Deus, verte Tua Verdadeira Existência
sobre minha não-existência, para que eu possa ser
como era quando absolutamente não era
e Tu possas ser como Tu és, da forma como sempre foste!

30 Não há deus senão Tu!

És aquele que *realiza o que deseja*,
enquanto sou apenas um servo para Ti,
um entre alguns dos servos. Ó meu Deus,
desejaste-me e desejaste por meio de mim
35 – assim, sou o desejado e Tu o Desejante.
Que Tu sejas o que é desejado por meio de mim
para que Te tornes o Desejado e eu o desejante!

Não há deus senão Tu!

Ó meu Deus, és não-manifesto em tudo o que está oculto;
40 manifesto em toda realidade concreta;
ouvido em cada relato, seja este verdadeiro ou falso;
conhecido no grau da Unidade e da Dualidade.
És aquele nomeado pelos Nomes
que descenderam em revelação,
45 para que sejas velado ao olho e encoberto à inteligência.

Não há deus senão Tu!

Ó meu Deus, Tu Te revelaste nas revelações
particulares de Tuas Qualidades, de modo que
todos os graus da existência criada tornaram-se
50 diversificados. Em cada grau és nomeado pelas realidades
de tudo o que é nomeado, elegendo as inteligências
como testemunhas das complexidades das realidades
interiores de tudo o que é manifesto nos Sinais
e de tudo o que é cognoscível. Libertaste os espíritos
55 primordiais nas planícies da Sabedoria divina,
por onde vagam, perplexos, em meio
às alusões de suas sutilezas "Siríacas".
Quando os tiveres retirado [da condição] de
"inteiro e parte", removido de "onde e quando"
60 e os tiveres despido de todo "quanto e o quê";
quando lhes tiveres dado o conhecimento
da sabedoria essencial nos lugares
de seu não-reconhecimento, quando, ao anunciar-Te
como Senhor nos lugares divinos de anunciação,
65 os tiveres libertado e feito cair toda noção de separação
pelo levantar do véu do *ghayn*, então
estarão ordenados segundo a Harmonia Primordial do
Bismillāhi 'l-Raḥmāni 'l-Raḥīm.

Ó meu Deus, quantas vezes Te chamo como quem
70 invoca, quando [na verdade] és Aquele que invoca
pelo invocador! Quantas vezes murmuro secretamente
a Ti como aquele que confidencia intimidades,
quando és Aquele que confidencia ao confidenciador!

Ó meu Deus, se união é a essência da separação,
75 e proximidade, a pura alma da distância;
se sabedoria é o local da ignorância,

e reconhecimento, a morada do não-reconhecimento,
qual é, então, o destino e onde é o início do caminho?

Ó meu Deus, és o buscado oculto no anseio
80 de cada buscador, o reconhecido no olho
de cada negador, o verdadeiramente próximo
na separação daquele que [se] distancia. Ainda assim,
aqui, a conjectura suplantou o entendimento – quem está
distanciado de quem? Quem é favorecido por quem?
85 A Beleza diz: "*Somente Tu*", enquanto a Baixeza proclama:
"*Aquele que tornou bom e belo tudo o que criou*".
O primeiro é um fim no qual a jornada atinge
um ponto de parada e o último é um véu
devido à imaginação de que existe outro [além de Ti].

90 Ó meu Deus, quando o intelecto estará livre
dos laços da constrição? E quando o olho do pensamento
será capaz de vislumbrar as belezas da realidade essencial?
Quando o entendimento será cortado da raiz
da inverdade? E a imaginação, desacorrentada
95 dos cordões e laços que a prendem à associação?
Quando a conceituação será protegida
da divisão da separação? E quando
a preciosa alma será desvinculada
das características de sua natureza criatural?

100 Ó meu Deus, atos de obediência não Te beneficiam,
assim como atos de desobediência não Te prejudicam.
Nas mãos de Tua Onipotente realeza
está o comando dos corações e topetes,
e *a Ti toda obra retorna*,
105 sem distinção entre obediente e desobediente.

Ó meu Deus, em Ti, nenhum assunto
Te distrai de outro!

Ó meu Deus, em Ti, necessidade não Te restringe,
nem possibilidade Te limita, obscuridade
110 não Te esconde, nem esclarecimento Te explica!

Ó meu Deus, em Ti, evidência racional
não Te substancia, nem prova lógica Te comprova!

Ó meu Deus, em Ti, Eternidade sem começo e sem fim
coincidem em Tua Realidade!

115 Ó meu Deus, o que é este "Tu" e "Eu"?
O que é este "Ele" e "Ela"?

Ó meu Deus, devo buscar-Te na pluralidade
ou na unidade? Quanto tempo terei de esperar por Ti?
E como isto pode ser feito quando um servo
120 não tem preparo nem suporte sem Ti?

Ó meu Deus, minha subsistência em Ti está em minha
aniquilação; [mas esta aniquilação] se dá a partir de mim
ou em Ti, ou por meio de Ti? É minha aniquilação,
portanto, realizada por meio de Ti ou imaginada por
125 mim mesmo, ou inversamente, ou ambos, simultaneamente? E está minha subsistência também em Ti?

Ó meu Deus, meu silêncio é mudez
necessitando surdez, e minha fala é surdez
necessitando mudez! Perplexidade em tudo,
130 ainda assim não há perplexidade [em Ti].

Em nome de Deus, *meu Senhor é Deus*. Em nome de Deus,
Deus me é suficiente. Em nome de Deus, *é por Deus*.

Em nome de Deus, *coloco minha confiança em Deus.*
Em nome de Deus, *peço a Deus.* Em nome de Deus,
135 *não há poder nem força a não ser em Deus.*

Senhor nosso! Confiamos em Ti,
para Ti nos voltamos contritos. E a Ti será o destino.

Ó Deus, peço-Te que me concedas o mistério
de Tua Ordem e o esplendor de Teu Decreto;
140 a posse da abrangência de Tua Sabedoria;
as prerrogativas especiais de Tua Vontade;
a eficácia de Teu Poder;
o entremear de Tua Audição e de Tua Visão;
a presença autossubsistente de Tua Vida;
145 e o caráter inerente de Tua Essência e Qualidade.

Ó Deus, ó Deus, ó Deus! Ó Primeiro, ó Último!
Ó Manifesto, ó Oculto! Ó Luz, ó Verdade, ó Todo-Evidente!

Ó Deus, honra meu coração secreto com os segredos
de Tua Unicidade! Santifica meu espírito com as
150 santas revelações de Tuas Qualidades! Purifica meu
coração com as puras sabedorias de Tua Divindade!

Ó Deus, instrui meu intelecto nas ciências de Teu
Conhecimento Privado e perfuma minha alma com as
virtudes de Tua Majestade! Assegura meus sentidos
155 ao estender raios iluminadores que emanam das Presenças
de Tua Radiante Luz! Liberta as mais puras gemas
de minha corporeidade dos constrangimentos
da natureza crua, da condensação da percepção sensorial
e do confinamento no espaço
160 e no mundo!

Ó Deus, transporta-me dos degraus descendentes
de meu ser criado e de minha natureza para o vôo
ascendente de Tua Verdade e Realidade essencial.
És meu Amigo e Mestre: em Ti faleço e de Ti
165 retorno à vida. *Adoramos somente a Ti*
e somente a Ti pedimos ajuda.

Considera-me, ó Deus, com o olhar com o qual
ordenas todos os meus estágios em uma progressão
harmoniosa, pelo qual purificas o coração íntimo
170 em que meus segredos aparecem, pelo qual elevas
os espíritos de minha lembrança
à Mais Alta Assembleia e pelo qual intensificas
o brilho de minha luz.

Ó Deus, torna-me ausente do todo de Tua criação
175 e une-me a Ti por meio de Tua Verdadeira Realidade.
Preserva-me na contemplação das disposições
de Tua Ordem, nos inumeráveis mundos
de Tua Diferenciação.

Ó Deus, é para Ti que me volto em busca de ajuda;
180 a Ti volto minha face; a Ti peço ajuda;
és Tu e não outro que verdadeiramente desejo!
Não peço de Ti outro que não Tu;
nem busco de Ti nada senão Tu somente.

Ó Deus, imploro-Te que respondas a isto
185 por meio do mais augusto intercessor, o excelentíssimo,
o amado mais próximo, o amigo mais protetor,
Muḥammad, o eleito, o serenamente puro
e completamente aceito [por Deus], o Profeta escolhido.
Por ele, peço-Te que o abençoes com a Bênção
190 da eternidade perene, sem começo nem fim,

a Benção constante, subsistente, divina e senhorial.
[Realiza isto] de tal forma que eu testemunhe
a realidade de sua perfeição, e que possa ser consumido
pela contemplação das sabedorias de sua essência.
195 [E que esta Benção] esteja também sobre sua família
e companheiros,
pois és o Mestre disso!

Não há poder nem força senão em Deus,
o Altíssimo, o Magnífico. E louvado seja Deus,
200 *Senhor dos universos.*

NOTAS

Linhas 6 As palavras "fizeste a Ti mesmo Singular" [ou "Te singularizaste"] (*tafarradta*) são usadas aqui em contraste com a Exclusividade da Unidade divina. A raiz *fard*, no pensamento de Ibn 'Arabī, corresponde ao número 3 e implica a triplicidade dos aspectos dentro da Unicidade: por exemplo, conhecedor, conhecido e conhecimento, ou amante, amado e amor. Ver *K.al-Mīm wa'l-Wāw wa'l-Nūn*, pp. 3-4

Linha 9 A expressão *iyyaka* ocorre duas vezes no Corão, no quinto verso da *Fātiḥah* (Corão, 1:5), referindo-se ao divino Tu: "Adoramos somente a Ti e somente a Ti pedimos ajuda (*iyyāka na'budu wa iiyāka nasta 'īn*). As duas ocorrências do termo *iyyāka* podem corresponder às duas expressões na próxima frase da prece (Contigo e em Ti).

Linha 18 Rememorativo ao relato corânico em que Moisés orou: "'Senhor meu! faze-me ver-Te que Te olharei". Ele disse: "Não Me verás, mas olha para montanha: se ela permanecer em seu lugar, ver-Me-ás'. Então, quando seu Senhor manifestou-Se à Montanha, fê-la em pó e Moisés caiu ao chão aniquilado" (Corão, 7:143). Isto constitui a extinção na contemplação por excelência. Para uma completa discussão sobre este assunto, ver "The Vision of God according to Ibn 'Arabī" de Michel Chodkiewicz em *Prayer & Contemplation*, pp. 53-67.

Linhas 31-2 "Por certo, Ele inicia a criação e a repete. E Ele é O Perdoador, O Afetuoso, O Possuidor do Trono, O Glorioso, Aquele que realiza o que deseja" (Corão, 85:13-16).

Linhas 32-3 Referência ao verso: "E encontraram um entre alguns de Nossos servos, com quem fomos Misericordiosos e a quem transmitimos sabedoria de Nossa própria Sabedoria" (Corão, 18:65). Toda esta passagem (Corão, 18:60-83) faz referência a Ḫiḍr, tradiconalmente considerado o companheiro de Moisés no Corão.

Linha 40 Ou "manifesto aos olhos" (*'ayn*). O contraste aqui está entre o não-manifesto (*ghayb*), – que implica em estar velado da percepção – e o perceptível ou a relidade perceptiva.

Linhas 43-4 Literalmente, os "Nomes da descida" (*asmā' al-nuzūl*), que significam os Nomes pelos quais Deus se nomeou na Revelação. Estes Nomes não são estabelecidos arbitrariamente pela inteligência ou raciocínio humano. Ver *Fut.* II:232.

Linhas 50-1 Ibn 'Arabī distingue dois tipos de Nomes divinos: os Nomes primordiais e os Nomes compostos de letras. Ver, por exemplo, *Fut.* II:122, II:684 e IV:214.

Linha 57 Em sua raiz árabe, *suryani*, a palavra "siríaca" – antiga língua semítica falada na Síria e que sobrevive atualmente como uma língua litúrgica nas igrejas orientais – alude às ideias de permeação e difusão (*sarayān*) e à jornada noturna (*isrā'*), como também ao segredo ou mistério (*sirr*). Deriva igualmente do sânscrito *surya*, que significa "sol". Refere-se a uma língua primordial "solar", considerada pela tradição islâmica como sendo a língua de Adão no Paraíso. No *Futuhat,* Ibn 'Arabī liga a "estação siríaca" (*al-maqām al-suryānī*) à natureza original adâmica do Homem. (*Fut.* II:690ff.)

Linhas 61-3 Alusão ao hadith relativo à transmutação de Deus em formas. Em seu comentário sobre este hadith, Ibn 'Arabī escreve: "Na Ressurreição, a Verdade Se revelará e dirá: 'Sou seu Senhor'. Todos eles O verão, no entanto O negarão e não O reconhecerão como seu Deus, apesar de O estarem vendo, porque o véu foi levantado. Quando Ele Se transmutar na maneira pela qual O reconhecem, eles Lhe dirão: 'Vós sois nosso Senhor'. Ele é o Mesmo a quem estavam negando e do qual procuravam refúgio, tanto quanto é Aquele que conheceram e reconheceram" (*Fut.* III:540-1, traduzido em SDG, p. 215.).

Linhas 69-73 Ver o verso: "E ouve: um dia (*yawm*), quando o pregador [Israfil, o anjo da trombeta (N.T.)] chamar de um lugar próximo..." (Corão, 50:41). A raiz *n-d-w* ("chamar") implica uma chamada aberta ou anúncio à distância; este verso corânico se refere ao dia em que esta situação do mundo tal como o conhecemos será revertida. A raiz *n-j-w* ("confiar"), por outro lado, sugere uma conversa privada e íntima na segurança da proximidade. Estes dois aspectos formam a pergunta de Moisés a Deus em um célebre hadith (citado no *Mishkāt*, nº 43): "Ó Senhor, estás distante, e assim devo chamar-Te? Ou estás perto, e assim devo confiar em Ti? E Deus respondeu: 'Faço companhia àquele que se lembra de Mim e estou com ele'. [Moisés] perguntou: 'Qual é o trabalho que mais amas, ó Senhor?', e Ele respondeu: 'Que propagues a Lembrança de Mim em todo estado'".

Linhas 74-8 Compare com a seguinte passagem do Capítulo referente a Noé, no *Fuṣūṣ al-Ḥikam*: "Para a pessoa da perplexidade e do maravilhamento (*ḥayra*) há o retorno, e o movimento circular do retorno está sempre em redor do Pólo [o centro do círculo], do qual nunca se inicia o caminho. A pessoa do caminho protelado, [por outro lado] está sempre se desviando do [verdadeiro] objetivo e intenção, procurando em outro lugar o que, na verdade, já se encontra nele, tomando como objetivo o que imaginou. Tal pessoa tem um ponto de partida, um destino e tudo o que se encontra entre estes dois pontos; enquanto que para o homem do movimento circular não há começo ao qual se deve ater ou fim que lhe é imposto, pois possui a existência mais completa e lhe foi concedida a totalidade das Palavras e da Sabedoria" (texto árabe, p. 73; *Fuṣūṣ*, pp. 314-16; *Bezels*, p. 79).

Linhas 77-8 "E reconhecimento é a moradia do não-reconhecimento". Pode também ser traduzido por "o definido é a moradia do indefinido", configurando um contraste gramatical.

Linhas 85-6 Corão, 32:7.

Linhas 90-1 Há um trocadilho no original árabe, de duas palavras de mesma raiz, intelecto (*'aql*) e elos (*'iqāl*). O intelecto é a faculdade que "dá elo" às coisas.

Linhas 103-4 Como é mencionado no verso: "Não há criatura que Ele não tome pelo topete. Certamente meu Senhor está no reto caminho" (Corão, 11:56). Na interpretação de Ibn 'Arabī, todos os seres, obedientes ou desobedientes, estão no caminho reto. Compare-se com a seguinte passagem do Capítulo referente a Hud, no *Fuṣūṣ al-Ḥikam*: "Há dois tipos de pessoas: uns que percorrem um caminho, conhecendo-o e tendo consciência de seu respectivo fim e que, de fato, é um caminho reto; e o outro tipo, que percorre um caminho na ignorância, desconhecendo-o e a seu fim, mas mesmo assim este é o mesmo caminho conhecido do primeiro tipo". (texto árabe, p. 108; *Bezels*, p. 132.)

Linha 131-2 Referência ao verso: "E Moisés disse: 'Refugio-me em meu Senhor e vosso Senhor contra todo assoberbado que não crê no Dia da Conta'. E um homem, crente, da família de Faraó, o qual ocultava sua fé, disse: 'Vós matais um homem porque disse: 'Meu Senhor é Deus', enquanto, com efeito, vos chegou com as evidências de vosso Senhor?'" (Corão, 40:27-28).

Linhas 133-7 Corão, 60:4. Esta é a prece de Abraão e seu povo.

Linhas 138-45 Esta passagem refere-se a todos os sete atributos essenciais do "Eu divino": Vida, Sabedoria, Poder, Vontade, Fala – aqui mencionada como Ordem e Decreto, como na palavra 'Sê' (*Kūn*) –, Visão e Audição.

Linhas 142-3 No seu *Kashf* (nºs 27-8), Ibn 'Arabī pede pelo entremear (*nufudh*) destas duas faculdades (audição e visão), de uma maneira ilimitada (*itlaq*).

Linhas 146-7 A combinação dos Nomes aqui sugere duas passagens corânicas: "Ele é o Primeiro e o Último, o Manifesto e o Oculto, e é Omnisciente" (Corão, 57:3). E "Nesse dia Deus lhes retribuirá em justa medida, e saberão que Deus é a Verdade Mais Evidente" (Corão, 24:25).

Linhas 152-3 O "Conhecimento Privado" [de Deus] é ciência específica do Ḫiḍr.

Linhas 161-3 Nesta expressão idiomática "a ascensão da vida e a descida da morte" (*darajāt al-ḥayāt wa darakāt al-mawt*), há uma referência implícita nos termos árabes *darakāt* (degraus descendentes) e *darajāt* (degraus ascendentes).

Linhas 165-6 Corão, 1:5.

Linhas 171-2 A Mais Alta Assembleia é a dos Anjos ao redor do Trono, descrita no verso: "Por certo, Nós ornamentamos o céu mais próximo com um ornamento: os astros, e para custodiá–lo, contra todo demônio rebelde. Eles não podem ouvir a Alta Assembleia, e são arrojados, por todos os lados, rechaçados." (Corão, 37:6-8). Há também uma referência implícita ao célebre hadith: "Se alguém se lembra de Mim em si, Eu lembro dele em Mim, se alguém se lembra de Mim em conjunto (assembleia), dele lembrarei em companhia ainda melhor" (*Mishkāt*, nº 27).

Linhas 172-3 Literalmente: "... pelo qual fortificas o óleo de minha lâmpada".

LEITURAS VARIANTES

Linhas 48-50 Em [I] e [W], lê-se: *fa-ta'ayyanta fi marātib al mawjūdāt*, "então Tu revelaste a Ti mesmo em [diferentes] níveis da existência criada".

Linhas 53-4 Seguindo [I], lê-se *haqā'iq al-āyāt wa ghuyūb a-ma'sūmāt.*

Linha 57 Seguindo [I], [R], [W], [Y] e [L], lê-se, *laṭā'ifihā'l-suryāniyya*. Em [P], lê-se *laṭā'ifihā'l-rabbāniyya*, "sutileza arrogante".

Linha 58 Em [R], é acrescentado *wa'l-mashāhid al-nūrāniyya,* "e os lugares luminescentes da visão".

Linhas 83-4 Seguindo [R] e [W], lê-se: *fa-man al mub'ad wa-man al mutabā'id.*

Linha 95 Seguindo [I], [R], [W] e [L], lê-se *awṣāl,* "nós", em lugar de *awḥāl,* "lodo".

Linha 131 Em [I] e [W], é adicionado no início *Bismillāh rabbī Allāh.*

Linhas 138-9 Em [I], [R] e [W], lê-se *bisirr ismika*, "o mistério de Seu Nome".

Linha 171 Seguindo [I] e [R], lê-se *adhkārī.*

Linha 191 Seguindo [I], [W] e [Y], lê-se, *fi shuhūd*, no lugar de *fi 'ayn*.

Prece da véspera de sexta-feira

Em nome de Deus,
o Misericordioso, o Misericordiador:

Ó meu Deus, todos os patriarcas são Teus servos
e és, sem dúvida, o Senhor [de todos].
Unes os contrários complementares,
pois Tu és o Majestoso, o Belo. Não há fim ao
5 absoluto deleite em Tua [própria] Essência,
como não há fim para Teu próprio testemunho de Ti.
És Majestoso e Perfeito demais para que Te possamos
contemplar, e Sublime e Belo demais para que Te
possamos descrever. És Transcendente em Tua Majestade,
10 além das marcas distintivas das contingências,
e Tua Sublime Beleza é Santificada sem sofrer
o assédio por parte das inclinações
que a Ela se dirigem por meio das paixões.

Peço-Te, pelo mistério com o qual unes
15 os contrários complementares, que reúnas
tudo o que está desunido em meu ser,
e que, em tal união, eu possa contemplar
e testemunhar a Unicidade de Teu Ser.
Investe-me do manto de Tua Beleza e coroa-me com o
20 diadema de Tua Majestade, para que as almas humanas
mostrem-se humildes perante mim, para que os corações

desdenhosos sejam a mim conduzidos, e a mim
sejam estendidos os segredos da Mais Sagrada [Efusão].

Eleva minha posição perante Ti, de modo que todo aquele
25 que se eleva e exerce poder seja colocado em posição
inferior e humilde diante da minha presença.
Conduze-me a Ti pelo meu topete e concede-me domínio
do topete de cada [ser vivo] dotado de espírito,
cujo topete está em Tua Mão.

30 *Concede-me uma língua veraz* considerando
[os dois reinos de] Tua Criação e Teu Comando.
Preenche-me de Ti e preserva-me *em Tua terra
e em Teu mar. Afasta-me da cidade* da natureza bruta
cujos habitantes são opressores e livra-me da vinculação
35 com as coisas criadas.

Concede-me uma prova evidente de Ti
que me traga segurança e não concedas poder
sobre mim a ninguém além de Ti. Em minha pobreza
em relação a Ti, faz-me rico além da necessidade de qualquer
40 coisa a ser buscada e acompanha-me com Tua Riqueza,
além da necessidade de qualquer coisa desejada.

És minha meta e minha glória; a Ti pertencem
o retorno e o fim último. Confortas e restabeleces
os enfraquecidos e destróis os tiranos;
45 carregas os temerosos sob Tua asa
e amedrontas os opressores.
A Ti pertencem a Mais Sublime Glória,
a Mais Completa Revelação e o Mais Impenetrável Véu!

Glória a Ti, não há Deus senão Tu:
50 *és meu Reconhecedor e o melhor Patrono.*

Tal é o revide de Teu Senhor quando atinge as cidades
que praticam a iniquidade. Certamente,
Seu revide é severamente doloroso.
Então, vingamo-Nos daqueles que pecaram;
55 *e sempre foi Nosso dever ajudar os crentes.*

Ó Deus! Ó Criador de tudo o que é criado!
Ó Vivificador de tudo o que está morto!
Ó Tu, que unes tudo o que está disperso
e despejas luz sobre as essências de todas as coisas!
60 A Ti pertence o Reino infinitamente vasto,
a Ti pertence a Posição da mais sublime honra.
Senhores são Teus escravos, monarcas, Teus servos
e os ricos são pobres frente a Ti, pois és Rico em Ti Mesmo,
além da necessidade de qualquer outro que não Tu.

65 Peço-Te – pelo Teu Nome, com o qual *criaste cada coisa,*
estabelecendo seu destino, com o qual concedes
a quem desejas *um jardim e um traje de seda*,
o poder da vice-regência e um *reino magnífico*
– afasta-me de minha cobiça
70 e aperfeiçoa minha imperfeição;
adorna-me com as vestes de Teu Favor e ensina-me,
dentre Teus Nomes, o mais apropriado
à Divina autoridade e comando; preenche meu interior
com temor a Deus e compaixão, e meu exterior
75 com reverência e esplendor, para que os corações
inimigos temam a mim e os espíritos amigos
encontrem em mim paz e bem-estar.

Eles temem a Deus acima deles
e fazem o que lhes é comandado.

80 Ó meu Senhor, concede-me a dádiva da mais perfeita
aptidão para receber Tua Mais Sagrada Efusão,
que eu possa ser nomeado Teu regente em Tuas terras
e, dessa forma, manter Teu descontentamento longe
de Teus servos. Na verdade, nomeias quem desejas
85 como regente e *tens poder sobre todas as coisas.*
És o Omnisciente, o Vidente.

Que a bênção de Deus esteja sobre nosso mestre
Muḥammad e sobre sua família e companheiros –
saudações a todos eles – *Ele é meu Reconhecedor*
90 *e meu Melhor Patrono.*

NOTAS

As duas letras desta prece são: *jīm*, como em *jam'* (união), *jalāl* (majestade) e *jamāl* (beleza); e *ḫā'*, como em *ḫāliq* (criador), *ḫadama* (atendentes), *ḫilāfa* (regência), *ḫawf* (medo) e *ḫabīr* (omnisciente). A letra *jim* é também associada ao termo árabe para a sexta-feira, *yawm al-jum'a* (o dia do encontro), quando a comunidade se reúne para a prece.

Linha 1 A letra *jīm* é associada por Ibn 'Arabī à esfera sem estrelas, a mais alta das esferas celestiais, que são coletivamente "os altos pais". Ver *Futūḥāt*, Capítulo 11: "Sobre a sabedoria de nossos princípios ativos (literalmente, "altos pais") e princípios receptivos (literalmente, "baixas mães")". Esta letra manifesta o Nome divino *al-Ghanī* (o Rico, o Independente) e, tendo o valor numérico 3, é considerada a primeira das estações da singularidade (*fardāniyya*). Ver *Futūḥāt*, Capítulo 198, resumido em SDG, pp. xxixff.

Linha 26-9 Alusão às palavras de Hūd: "Por certo, confio em Allāh, meu Senhor e vosso Senhor. Não há criatura que Ele não tome pelo topete. Por certo, meu Senhor está no caminho reto" (Corão, 11:56).

Linha 30 Ver o verso: "Senhor meu! Concede-me autoridade e junta-me com os justos. E concede-me uma língua veraz entre os outros" (Corão, 26:84).

Linhas 32-33 Referência a Corão 17:70: "E, com efeito, honramos os filhos de Adão e os carregamos por terra e por mar...".

Linhas 33-34 Ver o verso: "Senhor nosso! Faze-nos sair desta cidade, cujos habitantes são opressores e faze–nos, de Tua parte, um protetor e faze–nos, de Tua parte, um socorredor..." (Corão, 4:75). Esta foi a súplica dos muçulmanos em Meca no tempo de grande perseguição, quando pediram ajuda ao Profeta e ao povo de Medina.

Linhas 43-44 No *Kashf* (nº 10:2), Ibn 'Arabī explica que o Nome divino *al-Jabbār* ("Aquele que leva ao reconhecimento da Origem") deriva da primeira forma da raiz *j-b-r* e não da quarta forma. Portanto, quer dizer "Aquele que restabelece, une, restaura, conserta e conforta", como também "Aquele que força e obriga". O último significado é também usado para descrever aqueles que forçam os outros, os opressores, o injusto e tirânico, que são censurados no Corão. A mesma raiz é encontrada no nome do Anjo da Revelação, Gabriel (*Jibrīl*), que pode ser entendido como "aquele que 'repara' as revelações anteriores ao restabelecer a mensagem original". Igualmente, ele é relacionado ao reino de *jabarūt*, o istmo entre o mundo dos significados e o mundo das formas. Assim, Gabriel é um ser imaginário que tem o poder de unir os dois lados. Ver *Fut.* II:129 para a definição do termo *jabarūt*, e *Fut.* IV:325 sobre o Nome divino *al-Qawī* (o Poderoso).

Linhas 49-50 Corão, 3:173: "Basta-nos Allāh! E que excelente Patrono!"

Linhas 51-3 Corão, 11:102: "E assim é o apanhar de teu Senhor quando apanha as cidades enquanto injustas. Por certo, Seu apanhar é doloroso, veemente".

Linhas 53-5 Corão, 30:47: "... então, vingamo–nos dos que pecaram; e sempre foi Nosso dever ajudar os crentes".

Linhas 65-6 "Aquele a Quem pertence o reino dos céus e da terra não tomou para Si um filho, nem tem associado no reino. Criou cada coisa e estabeleceu cada destino" (Corão, 25:2). Ver *Kashf*, nº 12:2 (e nº 3, p. 78) para uma discussão sobre os três estados de ordenança (*taqdīr*) no processo da criação.

Linha 67 Referência ao verso: "Então, Allāh guardá-los-á do mal desse dia e lhes conferirá esplendor e alegria. E lhes recompensará por sua paciência, com um jardim e vestes de seda." (Corão, 76:11-12).

Linha 68 Referência ao verso: "Ao olhares para os bem-aventurados, verás alegria e um reino magnífico. Estarão cobertos por vestes de fina seda e brocado verde e terão por enfeites braceletes de prata e seu Senhor lhes dará uma bebida pura" (Corão, 76:20-21).

Linhas 71-73 Alusão ao verso: "E Ele ensinou a Adão todos os Nomes" (Corão, 2:31). Compare com: "Quando o anjo se dirigiu ao Profeta com um conjunto de Leis ou uma sabedoria concedida por meio de notificação, o espírito humano encontrou esta forma [angélica] e ambos se reuniram, um com o ouvido aberto e o outro ditando (*ilqā*) e estas são as 2 luzes." (*Fut.* 3:39)

Linhas 78-79 Corão, 16:50: "E eles temem a Deus acima deles e fazem o que lhes é comandado".

Linha 85 Corão, 3:26: "Por certo, Tu, sobre todas as coisas, és onipotente".

Linha 86 Corão, 35:31: "Por certo, Allāh, de Seus servos é Conhecedor, Vidente".

LEITURAS VARIANTES

Linha 6 Seguindo [I] (em nota), [W], [L] e [T], lê-se: *lishuhūdika minka.*

Linhas 12-3 Seguindo [I], [R], [W], e [T], lê-se: *ilayhi bi-l-shahawāt.*

Linha 18 [R], [W] e [T] possuem a variante *wahdat wijudi* ("a unidade do meu ser")

Linhas 20-1 Seguindo [I], [R], [W] e [L], lê-se: *taḫda'u lī 'l-nufūs.*

Linhas 31-3 Em [T], lê-se: "Carrega-me e Supervisiona-me em Sua terra e mar" (*wa-ḥmilnī maḥfūẓam malḥūẓan fī barrika wabaḥrika*). Essa é uma referência à seguinte passagem corânica, "Nós honramos os filhos de Adão e os carregamos por terra e por mar, os temos provido de coisas boas e os preferimos, nitidamente, a muitos dos que criamos" (Corão, 17:70).

Prece da manhã de sexta-feira

Em nome de Deus,
o Misericordioso, o Misericordiador:

Ó meu Senhor, faz-me avançar mais e mais
nos degraus das ciências. Faz-me girar e girar
nos graus dos mistérios das realidades.
Abriga-me no pavilhão de Tua Proteção
5 e no segredo oculto de Teu Véu
contra a chegada daqueles pensamentos
que não convêm às glórias de Tua Majestade.

Ó meu Senhor, deixa-me estar por meio de Ti,
em cada questão. Deixa-me testemunhar Tua Sutil
10 Benevolência em cada distância ou proximidade. Abre o
olho de minha percepção no seio de Teus decretos, na arena
da União, para que eu possa testemunhar a permanência
de todas as coisas por meio de Ti, em uma tal contemplação
que minha visão seja apartada de todos os existentes.

15 Ó Mestre da Graça e da Generosidade!

Ó meu Senhor, dos mares do puro desapego
do *Alif* da mais Sagrada Essência, banha-me
nas águas do desapego de todos os vínculos
que pontuam minha percepção e que encerram
20 o capítulo de minha busca. Com a matéria primeira

de seu Ponto Universal, que vem do Soberano Oculto
de Tua Essência, preenche-me de tal maneira
que eu possa fornecer tinta para as letras
das coisas criadas, [e possa ser] protegido
25 neste ato contra a deficiência ou a desfiguração.

Ó Tu, que abarcas tudo em compaixão
e conhecimento, ó Senhor de todos os seres!

Ó meu Senhor, por meio da efusão de Tua Pura
Santidade, purifica-me externa e internamente
30 da mancha da alteridade e de deter-me
nas estações. Afasta-me disso por meio da contemplação
dos raios luminosos de Tua Intimidade. Dá-me
o claro discernimento das realidades essenciais das coisas
e dos tênues detalhes das formas. Deixa-me ouvir
35 a fala dos seres criados na mais sincera proclamação
da Tua Unidade em cada reino. Mostra-Te em meu
espelho com a completa Autorrevelação das jóias
dos Nomes de Tua Majestade e de Tua Subjugante Força,
para que nenhum opressor, entre homens e gênios,
40 possa olhar-me sem que seja refletido sobre ele,
por meio da radiância desta joia [manifesta no espelho],
aquilo que consome a alma incitadora do mal,
lançando-a de volta em submissão,
desviando de mim
45 seu olhar enfraquecido e impotente.

Ó Tu, a quem *todas as faces se submetem*
e a quem os obstinados se curvam em total rendição!
Ó Senhor dos senhores!

Ó meu Senhor, distancia-me de toda separação
50 que me afaste das presenças de Tua Proximidade.

Dominado pelas luzes de Tuas Qualidades,
despoja-me de quaisquer de minhas qualidades impróprias.
Pela revelação de um dos raios luminosos
da Luz de Tua Essência, expulsa a escuridão
55 de minha condição natural e humana.
Dota-me do poder angelical pelo qual eu possa dominar
o que for de natureza baixa e de caráter inferior que
exerça domínio sobre mim.
Apaga as aparências das coisas criadas
60 da tábua da minha mente e, pela Mão de Tua Providência,
inscreve aí o mistério que está guardado
em Tua Anteprimeira Proximidade,
[segredo] que está escondido entre *kāf* e *nūn*.

Na verdade, Sua ordem, quando Ele deseja uma coisa,
65 *é dizer a ela: "Sê!", e ela é. Glória a Ele*
em cuja mão está o Reino de tudo
e a Quem tudo retorna.

Ó Luz da Luz! Ó Tu[66], que tudo inundas
com as nuvens da chuva da Sua Santa Efusão!
70 Ó Suporte Universal! Ó Santificado!
Ó Poder Subjugante! Ó Protetor-Preservador!
Ó Sutil Benevolência! Ó Senhor de todos os seres!

Que as bênçãos de Deus estejam sobre nosso mestre
Muḥammad e sobre toda a sua família
75 e companheiros. *E louvado seja Deus,*
Senhor dos universos.

66 Iltifāt. Ver nota 54.

NOTAS

Diferentemente das outras orações, nesta, o modo de dirigir-se a Deus é simplesmente Senhor (*rabb*): "meu Senhor", "Senhor de todos os seres", "Senhor dos senhores".

Linha 2 O termo "girar", para traduzir o árabe *taqallab* é, aqui, uma espécie de licensa poética. Literalmente, o termo refere-se a uma inversão dentro de um ciclo ou uma espiral (entre, por ex., o dia e a noite). É frequentemente utilizado por Ibn 'Arabī para expressar a maneira pela qual o coração (*qalb*, da mesma raiz de *taqallab*) deve inverter-se – ou "virar de cabeça para baixo" – para ser capaz de perceber as revelações divinas (teofanias). Na prática, o simbolismo da circularidade, presente nesta relação, implica em que a inversão seja também um giro, e que o movimento constante de inversão do coração, que assume a cada instante uma nova forma, seja igualmente o ato de girar. Uma imagem desta idéia pode ser sugerida por um caleidoscópio. Esta flutuação ou variabilidade é a principal característica do coração (ver *Fut.* II: 198; e *Fuṣūṣ al-Ḥikam*, Arabic pp. 120-2; *Fuṣūṣ*, pp. 608-9; *Bezels*, pp. 149-50).

Linha 6 "Há quatro tipos de pensamento (*ḫawāṭir*): nobre, psíquico, angélico e satânico. O pensamento nobre dá o conhecimento dos segredos, ciências e estados. O psíquico leva a conseguir aquilo que não traz nem bem, nem mal... O satânico leva a praticar o que trará sofrimento na morada Eterna, enquanto o pensamento angélico é o que será a causa da felicidade no lugar de descanso-final". Estas são as palavras de Ibn 'Arabī de acordo com seu discípulo al-Ḥabashī (JMIAS, vol.XV, p. 13).

Linhas 6-7 Alusão ao hadith dos véus: "Deus tem setenta véus de luz e escuridão. Se fossem removidos, as glórias de Sua Face incendiariam tudo o que Sua Visão apreende de Suas criaturas". Ver *Fut.* II:80. Para outras referências, ver Chittick, *the Sufi Path of Knowledge* (Cap. 11, nº 19, p. 401).

Linhas 16-17 Alusão ao verso: "Se todas as árvores da terra se tornassem cálamos, se o mar deles fosse tinta e aumentado de sete outros mares, ainda assim a Palavra de Deus não se esgotaria" (Corão, 31:27). Na escrita árabe, o *Alif* não se liga graficamente a nenhuma letra que o suceda; seu isolamento gráfico evoca o distanciamento e a santidade da Essência divina em relação a toda manifestação. O *Alif* também representa o Cálamo do Primeiro Intelecto, que "escreve" na Tábua da Alma Universal.

Linhas 18-19 *'Ajama* significa "pontuar" ou "fornecer pontos diacríticos" – sinais gráficos complementares que modificam o valor de algumas letras – como também "obscurecer". Estas ligações pontuam e obscurecem a percepção.

Linhas 19-20 Literalmente, "... fecha a porta (*bāb*)". Já que o tom geral deste trecho é a descrição da língua escrita, parece mais apropriada a denominação de "capítulo", que é um outro significado de *bāb*.

Linha 20 *Hayūlā* geralmente significa "substância primordial", mas aqui também sugere a ilimitada tinta (*midād*) que preenche o Cálamo, e que é o meio pelo qual as letras ganham existência. O Homem Perfeito é o tinteiro por meio do qual o Cálamo dá forma às letras dos seres criados.

Linhas 26-7 Corão, 40:7.

Linhas 43-4 Referência ao verso em que José diz: "E não absolvo minha alma do pecado. Por certo, a alma sempre incita ao mal, exceto quando meu Senhor tem misericórdia. Meu Senhor é verdadeiramente Clemente, Misericordioso" (Corão, 12:53).

Linha 45 "Nada se vê de imperfeito na criação do Misericordioso. Olha novamente: vês qualquer imperfeição? Olha novamente e ainda uma outra vez; teu olhar se retrairá enfraquecido e impotente" (Corão, 67:3-4).

Linha 46 "Todas as faces se submetem ao Vivente (*al-Hayy*), ao Subsistente (*al-Qayyūm*)" (Corão, 20:111).

Linhas 62-3 Na palavra árabe "Sê" (*kun*), as duas letras *kāf* e *nūn* estão interligadas, e o *waw* da raiz léxica (*k-w-n*) está oculto e implícito, aparecendo como uma vogal. Na citação corânica *yakūnu* ("torna-se"), o *wāw* (como "ū") aparece na escrita explicitamente. Da mesma forma, o *wāw* também aparece quando as coisas são criadas por meio do Comando divino (criação, *kawn*). Em outro lugar, Ibn 'Arabī refere-se ao *wāw* como símbolo do Homem Perfeito, unindo Deus e Sua Criação (Ver Apêndice D para uma descrição mais detalhada dos segredos do *wāw*). Para esta frase particular, ver *Fut.* II:632 (poema) e o poema de Abū Madyan (traduzido em Cornell, *The Way of Abū Madyan*, p. 150):

> Teu Comando subsiste entre o *kāf* e o *nūn*,
> executado com mais rapidez e facilidade que o piscar do olho.

Linhas 64-7 Corão, 36:82-83.

Linhas 68-9 Ver nota 54.

LEITURAS VARIANTES

Linha 5 Seguindo [I], [R], [W], [L], e [Y], lê-se: *wa maknūn sirri sitrika.*

Linha 22 Seguindo [R], [Y], [W] e [L], lê-se: *wa-sbigh 'alayya.*

Linha 36 Seguindo [I], [R], [W], [L] e [Y], lê-se: *tawḥīdika.*

Linha 50 Seguindo [I], [R], [L] e [Y], lê-se: *ḥaḍarāti qurbika.*

Linhas 54-5 Seguindo [I], [W] e [L], lê-se: *bāriqatin min bawāriqi nūri dhātika.* Em [W], esta citação está presente somente na margem do manuscrito.

Linhas 68-9 Seguindo [I], [R], [L] e [Y], lê-se: *yā mufid al-kull min fayḍihi 'l-midrār.* Cada um dos Nomes mencionados aparecem direta e indiretamente no texto dessa prece.

Prece da véspera de sábado

Em nome de Deus,
o Misericordioso, o Misericordiador:

Ó meu Mestre, Tua Subsistência é para sempre;
Teu Decreto é executado ao longo da Criação.
Santificaste a Ti mesmo em Tua Sublimidade;
elevaste a Ti mesmo em Tua Santidade. *Preservar*
5 os seres criados *não é um fardo para Ti*; e o que é
desvelado para o olho [de cada ser] nunca é
escondido de Ti. Convidas quem queres para Ti
e, por meio de Ti, dirige-os para Ti.
A Ti pertencem o Louvor eterno
10 e a mais gloriosa Permanência.

Peço-Te que, a cada instante, eu possa devotar-me
à Tua vontade, agindo em adequada conformidade
cuja [única] meta seja a Tua Proximidade,
pelo fruto das obras que dependem de Tua Satisfação.
15 Concede-me o dom de um segredo radiante
que me irá desvendar as realidades das obras.
Distingue-me com a sabedoria somada à autoridade
e a habilidade para encontrar alusões
acompanhadas de compreensão.

20 Na verdade, és o Amigo e o Patrono

daquele que pede Teu amparo, e quem responde
àquele que Te chama.

Ó meu Deus, que Tua permanente Generosidade seja
constante sobre mim, e que minha contemplação de Ti
25 seja sempre minha. Deixa-me contemplar minha essência
desde Teu lugar, não do meu, para que eu possa ser
por meio de Ti e não de mim. Concede-me
de Tua própria Presença uma total sabedoria
pela qual todos os espíritos cognoscíveis sejam guiados a mim.
30 Em verdade, és o Todo-Conhecedor,
o Conhecedor [do Desconhecido]!
Louvado seja o Nome de Teu Senhor, Senhor da Majestade
e da Generosidade! Com Ele estão as chaves do Oculto,
que ninguém no mundo conhece exceto Ele.
35 *Ele conhece o que quer que esteja na terra ou no mar.*

Ó Deus meu, banha-me na fulgurância de Tua Luz,
desvendando-me tudo o que está oculto em mim,
para que eu possa testemunhar minha existência em toda
sua verdadeira perfeição partindo do Teu lugar, não do meu.
40 Deixa-me, assim, aproximar-me de Ti pelo dissipar
de meus próprios atributos enquanto de mim
Te aproximas pelo fulgor de Tua Luz sobre mim.

Ó meu Senhor, possibilidade é meu verdadeiro atributo,
não-existência, minha verdadeira substância, e pobreza,
45 minha real morada; Tua Existência é minha causa exclusiva,
Teu Poder, meu absoluto agente, e Tu, minha única meta!
Em meu desconhecimento, Teu Conhecimento é tudo o
que preciso de Ti. És exatamente como Te conheço
e ainda muito além do que conheço!
50 Estás com todas as coisas, porém Contigo nada está!

Ordenaste as estações para a jornada espiritual,
deste os graus para o que é benéfico e o que é
prejudicial, e estabeleceste os caminhos da Bondade.
Em tudo isso, somos em virtude de Ti, enquanto és
55 sem [necessidade de] nós. Pois és puro Bem,
plena Generosidade, ilimitada Perfeição.

Peço-Te, pelo Teu Nome, com o qual vertes
luz sobre os receptáculos e com o qual dissipas
as trevas das obscuridades: preenche meu ser
60 com a luz de Tua Luz, que é a substância
de cada luz e o verdadeiro objetivo
de cada desejo, para que nada possa obscurecer-me
daquilo que depositaste em cada átomo
de meu ser.

65 Concede-me o dom da *língua veraz*
que possa dar expressão ao testemunho da Verdade,
e distingue-me com a clareza e a eloquência
das *Palavras Totalizadoras*. Em todas as minhas falas,
protege-me de reivindicar o que não é meu por direito,
70 faz-me falar *segundo uma visão interior,*
a mim e àqueles que me seguem.

Ó Deus, refugio-me em Ti de cada discurso que crie
confusão, resulte em discórdia ou semeie dúvida.
É de Ti que todas as palavras são recebidas;
75 é de Ti que todas as sabedorias são obtidas.

És Aquele que sustenta os céus,
Aquele que ensina os Nomes.
Não há deus senão Tu, o *Um, o Único, o Singular,*
o Suporte Universal, que não gerou e nem foi gerado.
80 *E não há ninguém igual a Ele.*

A Paz de Deus esteja sobre nosso mestre Muḥammad e sobre toda sua família e companheiros. *E louvado seja Deus, Senhor dos universos.*

NOTAS

As duas letras desta prece são *dāl*, como em *dāma* (suportar, ser permanente), *da'wa* (convidar) e *dalla* (indicar); e *ṣād*, como em *ṣifa* (atributo), *ṣirf* (puro), *sidq* (veracidade) e *ṣamad* (suporte universal).

Linhas 4-5 Alusão ao *Āyat al-Kursī* (verso do Trono): "Seu Trono abrange os céus e a terra e sua preservação não é para Ele nenhum fardo" (Corão, 2:255).

Linhas 20-1 Possível alusão ao verso: "Por certo, Meu Protetor é Deus, Que revelou o Livro [o Corão] e protege os justos" (Corão, 7:196).

Linhas 21-2 Referindo-se ao verso: "Teu Senhor disse: Invocai-Me e Eu vos responderei" (Corão, 40:60).

Linhas 32-3 Corão, 55:78

Linhas 33-4 Corão, 6:60

Linha 51 Alusão ao verso: "Foi Ele quem fez do sol uma luz e da lua uma claridade e deu-lhe fases para que possais contar as estações e os anos" (Corão, 10:5).
As "estações", ou mansões da lua, correspondem aos vinte e oito dias do ciclo lunar, e são determinadas pela relação entre as duas luzes, do sol e da lua. Assim, os graus benéficos descrevem o aspecto visível da lua, refletido pelo brilho do sol, enquanto os graus maléficos descrevem seu lado escuro, aquele que está oculto de nós. Cada fase da lua exibe um grau diferente de luz e de ausência de luz. Este trecho também pode ser lido sob a perspectiva do indivíduo: as "estações" ou "moradas espirituais" são os lugares de parada no Caminho espiritual (o que inspirou o título do famoso *Manāzil al-Sā 'irīn* de Abdullāh al-Anṣārī al-Harawi). Para Ibn 'Arabī, *manazil* (moradas) é um termo complexo. Ele lhe dedica uma seção inteira no *Futūḥāt* (ver Chodkiewicz, *An Ocean without Shore*, p. 65).

Linha 65 "Senhor meu! Concede–me autoridade e junta-me aos justos. E concede–me uma língua veraz entre os outros" (Corão, 26:84).

Linha 68 Alusão ao hadith do Profeta: "Fui enviado com as Palavras Totalizadoras". Buḫārī, *Jihād*, 122.

Linhas 70-1 "Diz: Este é meu caminho, chamamos para Deus, segundo uma visão interior, eu e aqueles que me seguem" (Corão, 12:108).

Linhas 76-7 Verso: "Não vês que Deus submeteu a ti tudo o que há na terra, e que o barco percorre o mar por Seu Comando, e que Ele sustenta o céu, impedindo-o de cair sobre a terra, exceto com Sua permissão? Por certo, Deus, para com a humanidade, é verdadeiramente Benevolente e Misericordiador" (Corão, 22:65). E também: "Ele ensinou a Adão todos os Nomes." (Corão, 2:31).

Linhas 78-80 Da sura "*al-Iḫlāṣ*", Corão, 112.

LEITURAS VARIANTES

Linhas 11-5 Em [T] é dada uma leitura alternativa, "Peço a Ti uma certeza veraz, por meio da ação em conformidade correta, cujo único objetivo é Tua Proximidade. Ó Tu de cuja Satisfação dependem os frutos de [todas as] obras" (*as 'aluka yaqīnan ṣādiqan bimu'āmalatin lāyiqatin takūnu ghāyatuhā qurbaka. Yā man natā'ij al-a'māl mawqūfatun 'alā riḍwānika*).

Linha 15 Em [I], [W] e [L], lê-se: *sirran zāhiran.*

Linha 42 Seguindo [I], [W], [L] e [T], lê-se: *bi-ifāḍati nūrika 'alayya.*

Linhas 52-3 Seguindo [I], [W] e [L], lê-se: *li-l-naf'i wa'l-ḍayr.*

Linhas 58 Seguindo [I], [R], [W], [L] e [T], lê-se *al-nūra*, em vez de *al-ḫayrāt.*

Linha 73 Seguindo [R], lê-se: *aw ya'qubuhu fitnatum.*

Linhas 74-5 Seguindo [I], [R], [W] e [L], lê-se: *'anka tu' ḫadhu'l-ḥikan.*

Prece da manhã de sábado

Em nome de Deus,
o Misericordioso, o Misericordiador:

Quem quer que se aferre a Deus
é guiado por um caminho reto.

Louvado seja Deus que me permitiu entrar
no refúgio da Benevolência de Deus!

5 Louvado seja Deus que me admitiu
no jardim da Compaixão de Deus!

Louvado seja Deus que me instalou
na estação do Amor de Deus!

Louvado seja Deus que me fez provar
10 [das delícias] de mesas postas
com a Provisão de Deus!

Louvado seja Deus que me concedeu
a graça sutil de ser conforme à Preferência de Deus!

Louvado seja Deus que me fez beber
15 de fontes nas quais se encontra o cumprimento
da Promessa de Deus!

Louvado seja Deus que me envolveu
no manto do verdadeiro serviço de Deus!

Tudo isso, *apesar de tanto me ter desviado de Deus*
20 e negligenciado Seus Nomes. *Tudo isso é extrema*
graça de Deus. E quem pode perdoar pecados
senão Deus?

Ó meu Deus! Tua Benevolência cheia de graça
está sempre sobre mim, dando-me a vida sem luta
25 e sem esforço. Por Tua abundante Generosidade,
minhas esperanças alcançam sua aspiração,
sem nenhum mérito de minha parte
e sem qualquer predisposição [em mim].

Peço-Te, pelo Um de todas as unidades
30 e pelo Testemunhado de todas as testemunhas,
a perfeita segurança da dádiva do amor
contra a atribulação da distância;
a dispersão da escuridão da obstinada oposição,
pela luz do sol da direção certa e a abertura das portas
35 da ação adequada, por meio da mão auxiliadora
[do dito] *certamente, Deus é pleno de benevolência*
para com seus servidores.

Ó meu Senhor, peço-Te que o lugar de meu ser
seja aniquilado, e que a segurança
40 de meu testemunho permaneça; e que a distinção
entre mim como testemunha e eu como testemunhado
seja preservada por meio da união de minha condição
de [ser criado] existente com o meu ser [real].

Ó meu Mestre! Por meio de Tua Verdadeira Realidade,
45 livra meu serviço das nuvens turvas da conjetura
da alteridade. Torna-me herdeiro de Tua primeira
Palavra dada *aos escolhidos, aos melhores.*
Sê o mestre de minha obra, escolhendo por mim em

cada estado e em cada desejo. Ajuda-me pela afirmação
50 de Tua Unidade e de Teu [firme] Estabelecimento,
tanto no movimento como no repouso.

Ó meu Amado! Peço-Te o pronto encontro
com a Beleza criativa, com a impenetrável Majestade
e a exaltada Perfeição em cada estado, em cada resultado.

55 Ó Tu, que és Ele, ó Ele, à parte de quem
não há nada senão Ele!

Peço a Ti pelo mais Insondável Invisível,
pela Mais Pura Essência e pelo Mais Sublime Espírito;
pela noite quando ela sobrevém, pela aurora quando exala
60 *seu sopro; em verdade, esta é a palavra de um nobre*
mensageiro, dotado de poder e firmemente estabelecido junto
ao Senhor do Trono, completamente obediente e digno de
confiança, na língua árabe mais clara,
enviada desde cima pelo Senhor dos mundos.
65 [Peço-Te] a autoridade daquele que pronuncia
o julgamento por meio de seu espírito oculto,
nas formas externas da [divina] Exposição
pelo dom da investidura.

E peço a Ti, ó Deus, que isto me seja trazido
70 com toda a capacidade do meu sopro de vida,
pelos espíritos que animam meus louvores [a Ti]
com Tuas abençoadas preces
e eternas saudações sobre aquele por meio do qual
todas as buscas são alcançadas, o laço de união
75 pelo qual os amantes se realizam;
e também sobre todos os que a ele estão relacionados
em todos os graus. Ele é a Verdade mais clara.
Faz-nos um em sua especial companhia. Amém.

Possa a bênção de Deus estar sobre nosso mestre
80 Muḥammad, e sobre toda a sua família
e companheiros.

Glória ao teu Senhor, Senhor de Eminente Poder, que está acima de tudo com o que O qualificam. A Paz esteja sobre os mensageiros. E louvado seja Deus, Senhor dos universos.

NOTAS

Linhas 1-2 Corão, 3:102.

Linhas 3-18 Este é um conjunto de sete louvores no sétimo dia, que pode corresponder aos sete dias da semana.

Linhas 5-6 Possível alusão à prece de Moisés: "Meu Senhor, perdoa a mim e a meu irmão e toma-nos em Tua Misericórdia. És o mais Misericordiador dos misericordiadores" (Corão, 7:151). Há também uma referência ao jardim do Paraíso no verso: "Foi dito: 'Entra no Jardim [Paraíso]!' e ele disse: 'Quem dera meu povo soubesse! Como meu Senhor me perdoou e me colocou entre os honrados'" (Corão, 36:26-27).

Linhas 7-8 O Amor divino (*mahabba*) é mencionado somente uma vez no Corão, vinculado ao cuidado recebido por Moisés quando era um bebê: "E lancei sobre ti amor, de Minha parte, e isso para que fosses criado diante de Meus olhos" (Corão, 20:39).

Linhas 9-11 Alusão à oração de Jesus: "Jesus, filho de Maria, orou: 'Ó Deus, nosso Senhor, manda-nos do céu uma Mesa repleta de alimento, que seja uma festa para os primeiros e os últmos de nós, e um Sinal de Ti. Nutre-nos, pois és o melhor dos Nutridores'" (Corão, 5:114).

Linhas 12-3 A Preferência divina é uma alusão a várias passagens corânicas. "Deus preferiu Adão, Noé e a família de Abrahão e de Imran, exaltando-os acima de todos os seres" (Corão, 3:33); "Diz: Louvado seja Deus e a paz esteja sobre Seus servos, escolhidos por Ele" (Corão, 27:59); e "Lembra-te também de Nossos servos Abraão, Isaac e Jacó – homens de poder e visão. Nós os purificamos com a pureza da lembrança da Morada do Além; para Nós eles são os melhores dentre os escolhidos" (Corão, 38:45-7). Este louvor lembra especificamente a prece de Abraão: "Louvado seja Deus que me presenteou Ismael e Isaac" (Corão, 14:39).

Linhas 14-6 A palavra "cumprimento" (*wafā'*) tem o sentido de cumprir uma promessa ou livrar-se de obrigações. Pode haver aqui uma alusão à história de Moisés dando de beber ao rebanho das mulheres na fonte de Median e, depois, cumprindo seus votos a Jetro (Shu'ayb) (Corão, 28:23).

Linhas 19-20 Refere-se a: "Para que uma alma não diga: Ai de mim, por tanto que me desviei do lado divino e por ter sido um dos escarnecedores" (Corão, 39:56).

Linhas 21-2 Corão, 3:135.

Linhas 40-2 Referência a: "Pelo céu das constelações! E pelo dia prometido! E por uma testemunha e por um testemunhado!..." (Corão, 85:1-3).

Linha 47 Ver Corão, 38:47, citado na nota das linhas 12-13.

Linhas 49-50 Duas vezes no Corão é mencionada a atestação da Unidade (*tawḥīd*) [não há Deus senão...] acompanhada pelo Senhor que está sentado (*istiwa'*) no Trono: "Exaltado seja Deus, o Rei, a Verdadeira Realidade. Não há deus, senão Ele, Senhor do Trono, o Magnânimo" (Corão, 23:116), e "Deus, não há deus senão Ele, Senhor do Trono, o Magnífico" (Corão, 27:26).

Linha 58 O termo "mais Sublime" (*anfas*) é ligado lexicalmente à forma verbal "exala" (*tanaffasa*) na citação corânica seguinte.

Linhas 59-63 Corão, 81:17-22.

Linhas 63-4 Corão, 26:195. Ibn 'Arabī considera a língua árabe não simplesmente um órgão físico, mas uma linguagem de clareza. Ver *Fut.* III:517.

Linhas 64-5 Corão, 26:192.

Linhas 65-8 Toda esta sentença é extremamente alusiva: o que faz julgamento (*muḥkim*) pode referir-se tanto ao Profeta como ao Próprio Deus.

Linha 68 A "Exposição" (*tabyīn*) é uma referência implícita ao Corão (que é conhecido como a "Clarificação", *al-bayān*, de mesma raiz). As formas externas da Exposição divina podem referir-se tanto ao próprio Livro, como ao universo ou ainda ao Homem Perfeito. Ver *Al-Mu'jam al-ṣūfī* by Su'ad al-Hakim, pp. 903-8.

Linha 77 Ver o verso: "Deposita tua confiança em Deus; estás verdadeiramente de acordo com a mais Clara Verdade" (Corão, 27:79).

Linhas 82-4 Corão, 37:180-3.

LEITURAS VARIANTES

Linha 5 Seguindo [R] e [W], em que se lê, *adḫalanī*. Em outros manuscritos, [P], [I], [L] e [Y], é lido *anzalanī*. ("... quem foi deixado sobre mim aos jardins da Compaixão Divina"). Fazendo eco com a seguinte passagem corânica, "Louvado seja Deus, que fez descer para seus servos o Livro" (Corão, 18:1). Aquele que trouxe o Corão é contemplado com sua admissão nos jardins da Compaixão Divina.

Linhas 25-6 Em [R], lê-se: "Sem sua abundante Generosidade, Tu encorajaste minhas esperanças em alcançar os objetivos deles" (*wa-jarra'ta maṭāmi 'ī min karamika li-bulūghi'l-murād*).

Linha 58 Seguindo [R] e [I], lê-se: *bi-l-'ayn al-aqdas wa'l-rūḥ al-anfas*.

Linhas 65-8 Para o uso dos termos *siyagh* e *sunnah*, ver al-Tanazzulat al-Mawṣiliyya, p. 246. Os manuscritos têm muitas variações substanciais sobre essa linha. Em [I] lê-se: "A autoridade de uma perfeita decisão de acordo com o seu espírito [da autoridade] que é colorido na tintura da Exposição" (*ḥukma muḥkami'l–amri birūḥihi'l–mutalawwin fi sibghi'l–tabyīn*). Talvez isso se refira a "... A tintura (*ṣibgha*) de Deus; E quem é melhor que Deus em tingir? E a Ele estamos adorando" (Corão, 2:138).

Linha 71 Seguindo [I], lê-se: *innahu'l-ḥaqq al-mubīn*.

Apêndices

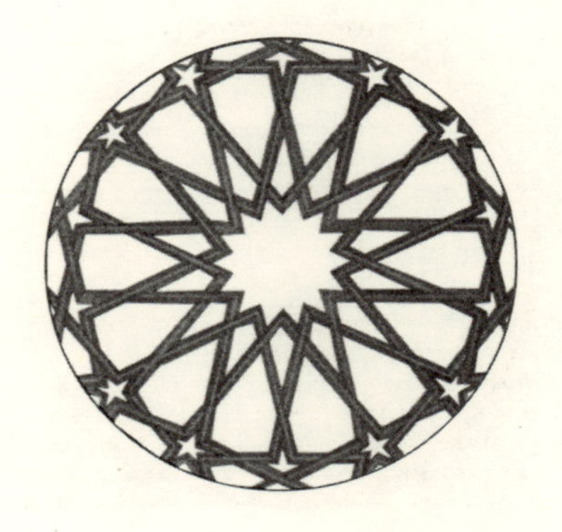

APÊNDICE A

O tempo segundo o *Ayyām al-sha'n* ("Os dias da divina obra") de Ibn 'Arabī

O CÍRCULO DO TEMPO

O símbolo mais evidente da Unidade é o círculo ou a esfera, pois expressam um todo indiviso.

Todo ponto em uma circunferência ou na superfície de uma esfera é idêntico a todos os outros, pois guardam a mesma relação com o centro. Ibn 'Arabī retrata o Trono Divino, que contém toda a manifestação e sobre o qual o Misericordioso está sentado, como um círculo que abrange todos os graus da existência.

Da mesma forma, quando consideramos o Tempo como circular, estamos considerando-o como símbolo da Unidade. Seja um ano de 12 meses, um mês lunar de 28 dias, uma semana de 7 dias ou um dia de 24 horas, cada um é um ciclo completo que se repete infinitamente num movimento "circular". Cada uma das divisões, seja por 12, 7 ou 24, expressa verdades específicas sobre o Todo. Imprecisões nos calendários lunar ou solar, que requerem a adição extra de meses ou dias a cada três ou quatro anos, não afetam a natureza simbólica do ciclo.

Ciclos temporais, bem como todos os ciclos totais, podem, também, ser considerados totalmente equivalentes um ao outro.

É esta correspondência "horizontal" que permite algumas das mais profundas percepções da ordem do universo.

De acordo com Ibn 'Arabī, há 28 graus de existência, que correspondem às 28 mansões da lua e às 28 letras do alfabeto árabe. Descritos por 28 Nomes Divinos, estão colocados em ordem descendente, a partir do princípio – que é chamado de Cálamo ou Primeiro Intelecto – até aquele que engloba o todo de maneira sintética (*al-jāmi'*) – o Homem Perfeito – que conhece a estrutura total da hierarquia da existência.[67]

As explicações de Ibn 'Arabī sobre o Tempo são apresentadas, não como resultado de uma especulação, mas essencialmente como percepções de uma contemplação da Palavra revelada. Seu manuscrito *Ayyām al-sha'n* é o texto mais explícito sobre os ciclos temporais e a interrelação entre o dia de 24 horas e a semana de sete dias.

Ao explicar as várias descrições corânicas do dia e da noite, Ibn 'Arabī retrata uma visão do Tempo altamente complexa e original. Ele considera o dia sob dois aspectos fundamentais: o físico e o espiritual.

> "O que consideramos como 'dia' é um ciclo completo dos ciclos da esfera das estrelas fixas, que contêm os céus e a terra... Cada dia é o dia final de [um ciclo de] 360 dias [ou um ano]... ou pode-se também dizer que em cada dia é renovado tudo o que aconteceu nos seis dias [anteriores da semana], do começo ao fim. Pois, em cada dia está contido o final de cada um dos [outros] seis dias. E este 'dia' contém necessariamente a propriedade de cada um de seus predecessores. Entretanto, isto

[67] Para mais detalhes, ver o quadro desenhado por Titus Burckhardt em *Mystical Astrology according to Ibn 'Arabī.*

permanece oculto, porque cada um destes dias tem em si um final próprio. Um 'dia', portanto, percorre 360 graus porque a totalidade da esfera [das estrelas fixas] é manifestada nele, movendo–se por todos os graus. Isto constitui o "dia corporal" (*al--yawm al-jismānī*). Nele está o "dia espiritual" (*yawm rūḥānī*), durante o qual o intelecto recebe sua sabedoria, a percepção, sua contemplação, e o espírito, seu segredo. Igualmente, durante o dia corporal, o corpo recebe nutrição, crescimento e desenvolvimento, saúde e doença, vida e morte. Do ponto de vista de suas propriedades dominantes, que se manifestam no cosmos devido ao poder ativo da Alma Universal, há sete dias diferentes (domingo, segunda, terça, etc.). Aos sete 'dias corporais' correspondem sete 'dias espirituais', conhecidos [somente] dos gnósticos. Estes 'dias espirituais' têm propriedades dominantes no espírito e no intelecto devido ao poder de conhecimento do Real, no qual estão os céus e a terra, e esta é a Palavra Divina (*al-kalimat al-ilāhiyya*)."[68]

AS SETE ESFERAS

Ibn 'Arabī fala de sete esferas (*aflāk*) que correspondem aos sete dias da semana. Cada uma destas esferas tem relação com um planeta e com uma figura profética cuja interrelação pode ser representada no diagrama abaixo (diagrama 1). Embora Ibn 'Arabī pudesse tê-lo em mente ao escrever, esse diagrama não foi explicitamente mencionado, assim, devemos enfatizar que o que vem a seguir é nossa própria representação gráfica.

---

68 *Ayyām al-Sha'n*, p. 6.

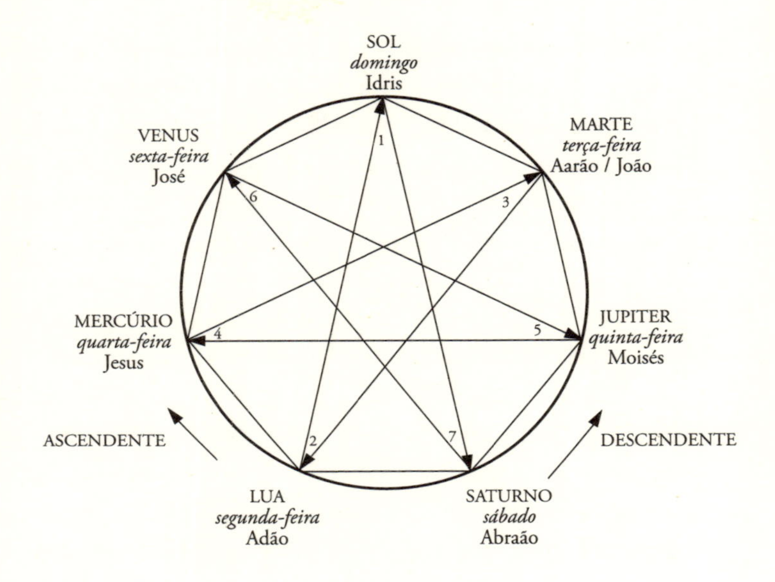

1. As sete esferas

No diagrama acima, os sete planetas estão dispostos ao redor da circunferência, de acordo com sua disposição no espaço físico: no sentido horário, em ordem ascendente a partir da lua; e anti-horário, em ordem descendente a partir de saturno. O movimento no sentido horário retrata o modo pelo qual o homem experiencia a ordem celeste, como uma elevação da terra, enquanto o movimento anti-horário representa o modo pelo qual o universo se torna existente, como uma "descida" de Deus.

A ordem dos dias da semana segue as linhas internas da estrela de 7 pontas, começando com domingo (Dia 1). Ao considerarmos a ordem dos dias ao redor da circunferência, no sentido horário, encontramos um período de 14 dias ou um ciclo duplo de 7. Cada espaço corresponde a dois dias (de domingo a terça, de terça a quinta, e assim por diante). Dois ciclos sucessivos de

14 dias, correspondendo às fases crescente e minguante da lua, perfazem um mês de 28 dias.

Os sete profetas (ou oito, se incluirmos João) têm, portanto, duas relações separadas: no primeiro caso (considerando a circunferência no sentido horário), estão relacionados à ordem dos planetas no espaço físico (lua, mercúrio, vênus, sol, marte, júpiter e saturno), a qual corresponde à ascensão celestial (*mi'rāj*) do Profeta Muḥammad; no segundo caso (seguindo as linhas da estrela de sete pontas dentro do círculo), estão relacionados à ordem dos dias da semana no espaço temporal.

OS TRÊS TIPOS DE DIA

I

"Ele envolve (*yukawwiru*) o dia na noite e a noite no dia."
(Corão, 39:5).

O primeiro tipo de dia é o comum, o corporal, em que a véspera de domingo é seguida pela manhã de domingo, a véspera de segunda, pela manhã de segunda, e assim por diante. Ele o chama de dia cíclico (*yawm al-takwīr*), que é o modo com que normalmente vemos o ciclo diário ou semanal. É uma interminável sucessão de noites e dias, dentro do padrão dos sete dias da semana. Ibn 'Arabī nota que aqueles que dão precedência ao dia sobre a noite são pessoas do calendário solar, enquanto aqueles que dão primazia à noite são pessoas do calendário lunar.

II

"Um Sinal para eles é a noite: dela separamos o dia e ei-los imersos nas trevas." (Corão, 36:37).

O segundo tipo de dia é chamado de dia separado (*yawm al-salḫ*), que é somente conhecido dos gnósticos. A noite é ainda a raiz ou princípio do dia, mas aqui noite e dia se separam. O período noturno ou véspera de um dia está ligado ao período da manhã de um outro dia: desta forma, a véspera (ou noite) de domingo está ligada à manhã (ou dia) de quarta, a véspera de segunda, à manhã de quinta, e assim por diante. O intervalo entre a noite e seu dia correspondente é de 7 unidades: 4 períodos noturnos e 3 períodos diurnos. Estes dois tipos de dia podem novamente ser representados em nosso diagrama:

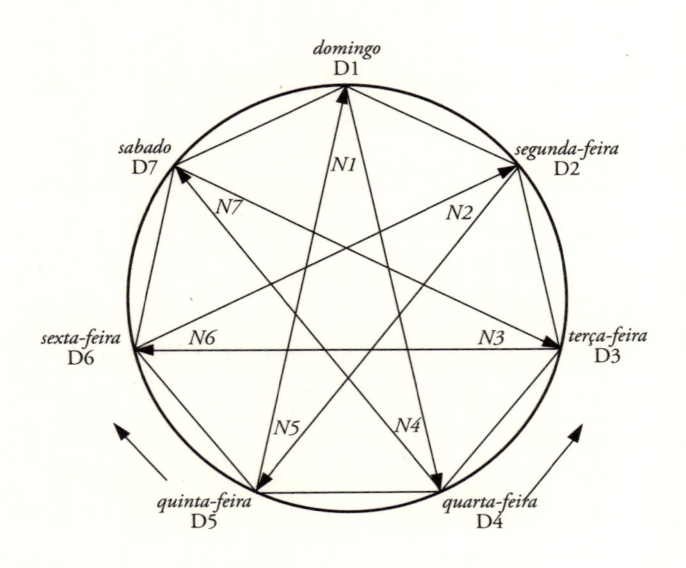

2. O dia "cíclico" e o dia "separado"

O dia "cíclico" (físico ou comum) está representado ao redor do círculo, começando pelo domingo e movendo-se em sentido horário, enquanto o dia "separado" (ou espiritual) pode ser encontrado seguindo-se as linhas da estrela de 7 pontas. Cada noite é colocada dentro da linha para mostrar as conexões, uma vez que a noite é a parte invisível do dia.

Assim, cada noite está ligada a um dia diferente por meio das setas. Desta forma, a véspera de domingo (Noite 1) liga-se à manhã de quarta (Dia 4), e assim por diante. A obra (*al-sha'n*) da primeira noite aparece no período diurno do quarto dia.

NOITE		DIA
Quinta (N5)	⟶	Domingo (D1)
Sexta (N6)	⟶	Segunda (D2)
Sábado (N7)	⟶	Terça (D3)
Domingo (N1)	⟶	Quarta (D4)
Segunda (N2)	⟶	Quinta (D5)
Terça (N3)	⟶	Sexta (D6)
Quarta (N4)	⟶	Sábado (D7)

Se separarmos noites e dias da semana e os representarmos separadamente ao redor da circunferência de outro círculo, encontraremos as mesmas combinações de dia e noite como no quadro acima. Começamos o ciclo com a Noite 1 (véspera de domingo), seguido pelo Dia 1 (domingo), e assim por diante. Os quatorze períodos (noite ou dia), portanto, formam dois ciclos de 7 períodos, com uma noite e um dia para cada ponto no círculo.

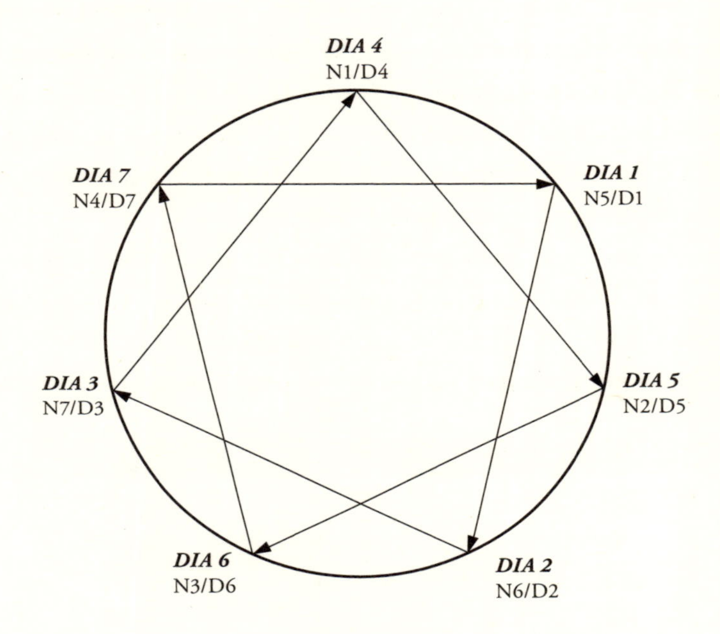

3. Os dias "separados"

Neste diagrama as combinações representam os sete dias "separados", começando pela véspera de quinta-feira e domingo (N5/D1). Os dias "separados" podem, portanto, ser considerados o princípio do modelo interior dos sete dias exteriores ou "cíclicos". Os dias, como outras coisas e criaturas, têm um aspecto interior e exterior, visível e invisível, espiritual e corporal. Ibn 'Arabī descreve o período diurno como "a sombra da noite, semelhante à sua forma". O significado desta bela e poética expressão pode ser representado graficamente nos diagramas correspondentes ao terceiro tipo de dia.

III

> "Não vês que Deus faz penetrar
> a noite no dia e o dia na noite?"
> (Corão, 31:29)

O terceiro tipo de dia é chamado de dia "entrelaçado" (*yawm al-īlāj*). Aqui, cada hora de cada noite e dia interliga-se em uma intrincada rede de horas das sucessivas noites e dias.

Horas do dia e da noite

Hrs	N5	D1	N6	D2	N7	D3	N1	D4	N2	D5	N3	D6	N4	D7
1	n5	d1	n6	d2	n7	d3	n1	d4	n2	d5	n3	d6	n4	d7
2	n7	d3	n1	d4	n2	d5	n3	d5	n4	d7	n5	d1	n6	d2
3	d5	n2	d6	n3	d7	n4	d1	n5	d2	n6	d1	n7	d4	n1
4	d7	n4	d1	n5	d2	n6	d3	n7	d4	n1	d5	n2	d6	n3
5	n5	d2	n7	d3	n1	d4	n2	d5	n3	d6	n4	d7	n5	d1
6	n1	d4	n2	d5	n3	d6	n4	d7	n5	d1	n6	d2	n7	d3
7	d6	n3	d7	n4	d1	n5	d2	n6	d3	n7	d4	n1	d5	n2
8	n5	d1	n6	d2	n7	d3	n1	d4	n2	d5	n3	d6	n4	d7
9	n7	d3	n1	d4	n2	d5	n3	d6	n4	d7	n5	d1	n6	d2
10	d5	n2	d6	n3	d7	n4	d1	n5	d2	n6	d3	n7	d4	n1
11	d7	n4	d1	n5	d2	n6	d3	n7	d4	n1	d5	n2	d6	n3
12	n6	d2	n7	d3	n1	d4	n2	d5	n3	d6	n4	d7	n5	d1

A primeira hora do primeiro dia "separado" conecta-se com a N5, a segunda hora com N7, as seguintes horas diurnas com D5 e D7, as seguintes duas horas noturnas com N6 e N1, e a sétima hora com D6, antes de começar o ciclo novamente partindo de N5. Cada noite contém 4 horas noturnas e 3 horas diurnas em ciclos de 7, enquanto o dia, a "sombra da noite", contém 4 horas diurnas e 3 horas noturnas. Parece que alguns estudiosos leram o *Awrād* com estas conexões em mente: um manuscrito especifica, por exemplo, que a prece para a "primeira noite" deve ser lida ou recitada na primeira hora da véspera de quinta-feira, enquanto a prece para a "terceira noite" deve ser lida na primeira hora da véspera de sábado (ver Apêndice E).

Representando as quatorze noites e dias ao redor da circunferência de um círculo, pode-se ver como estas horas do dia entrelaçado se relacionam entre si. Novamente, podemos perceber que as horas de determinada noite delineiam uma estrela de sete pontas (diagrama 4).

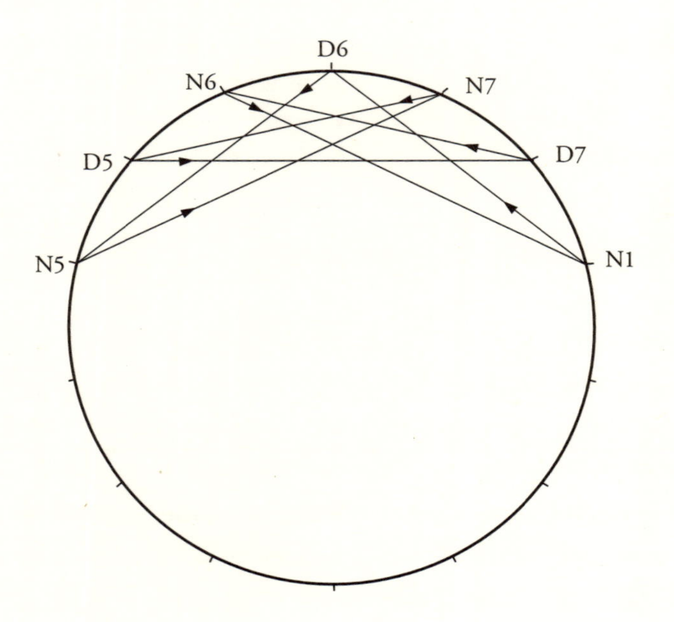

4. As horas entrelaçadas da 5ª noite (véspera de quinta-feira)

O diagrama 5 representa a "obra" (*sha'n*) da noite, e o mesmo se aplica ao seu dia correspondente, que aparece em perfeita simetria como "a sombra da noite".

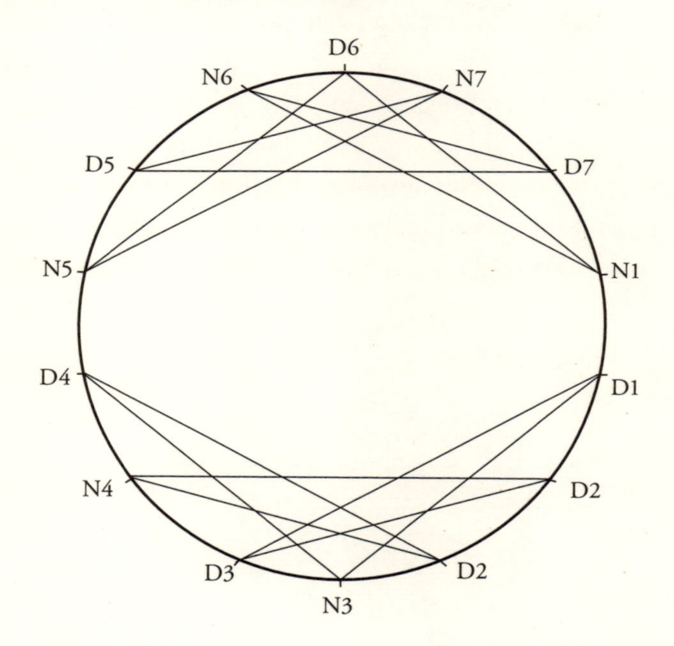

5. As horas entrelaçadas do 1º dia separado (N5 e D1)

A "obra" deste dia "entrelaçado" permeia e liga a semana inteira, sendo que cada dia se inter-relaciona com cada um dos outros. Assim, o diagrama 6 retrata graficamente a perfeita harmonia do entrelaçamento das horas e dias, que simboliza a Obra Divina. Este diagrama final é uma bela representação da harmonia (*niẓām*) sustentando a sucessão dos estados temporais. Em sua coleção de poemas dedicados a uma mulher de nome Niẓām, que encontra em Meca, Ibn 'Arabī celebrou a beleza manifesta na "donzela de quatorze anos":

Entre Adhir'at e Bursa, uma donzela de quatorze anos atraiu
[meu olhar como a lua cheia,]
Exaltada em majestade, transcendia o tempo em orgulho e glória.
Toda lua cheia, ao alcançar a perfeição, começa a minguar, para
[que o mês se complete;]
Com exceção desta, pois ela não passa pelos signos zodiacais
[nem duplica o que é único.]
És uma píxide contendo aromas e perfumes mesclados;
És um campo que produz flores e ervas primaveris.
Em ti a beleza atingiu seu limite extremo: impossível haver
[outra como tu.[69]]

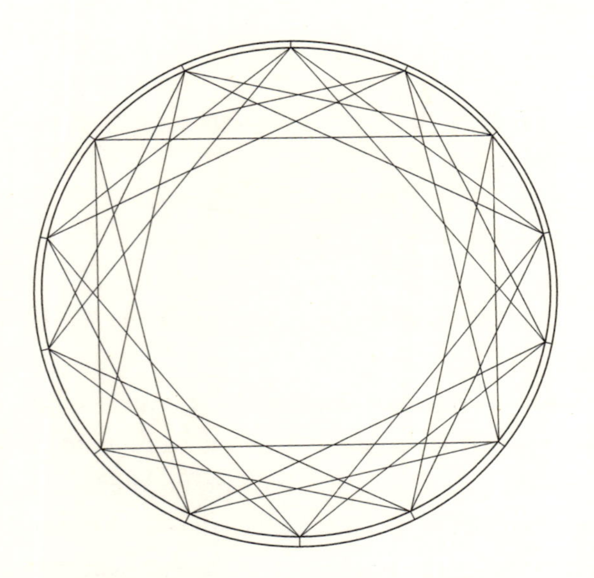

6. As horas entrelaçadas dos 14 dias e noites

---

69 *Tarjumān al-ashwāq*, XL, editado e traduzido por R. A. Nicholson (London, 1911) sob o título de *The Interpreter of Ardent Desires.*

APÊNDICE B

A semana criativa da alma

O quadro na próxima página foi construído a partir das descrições de Ibn 'Arabī no *Ayyām al-Sha'n* ("Os Dias da Divina Obra"), embora alguns detalhes (mostrados entre parênteses), não diretamente mencionados (nem mesmo na cópia autográfica), tenham sido deduzidos. Ele mostra a força do envolvimento das realidades espirituais de cada esfera nos dias individuais da Alma Universal. Desse modo, no domingo e terça-feira, a realidade espiritual da 4ª Esfera ou do Sol está envolvida em "ajudar a Alma" com força total, mas somente com meia força na quinta-feira e sábado. O modelo fundamental da "ajuda" à alma é baseado numa correlação alquímica entre os planetas de cada esfera e os quatro elementos (terra, ar, fogo e água), e suas interações em cada dia.[70] Essa obra alquímica (*sha'n*) é responsável por todos os

---

70 Essa correlação é explicada no *Madḫal fī 'ilm al-ḥurūf* de Ibn 'Arabī (um texto não editado – ver, por exemplo, Shehit Ali 1341, 167-73): "Saturno é frio e seco; Júpiter é quente e úmido; Marte é quente e seco; o Sol é quente e seco; Vênus é frio e úmido; Mercúrio é misto; a Lua é fria e úmida". Além disso, o texto explica a relação entre elementos e sinais astrológicos, direções físicas, letras, números e esferas. "As letras seguem a natureza do número, e a natureza do número segue a natureza da esfera". Portanto, *alif* = 1 e tem a ação do Sol; *bā* = 2, Lua; *jīm* = 3, Marte; *dāl* = 4, Mercúrio; *hā'* = 5, Júpiter, *wāw* = 6, Vênus; *zay* = 7, Saturno (N.T.).

processos de transformação no mundo. Pode-se considerar que cada elemento possui duas características: a terra é fria e seca, a água, fria e úmida, o fogo, quente e seco, o ar, quente e úmido. Além disso, o frio causa o movimento descendente que leva à condensação da água, enquanto o calor causa um movimento ascendente, conduzindo à sua evaporação.

A tabela que desenhamos mostra a relação entre a esfera individual, o Profeta, o elemento e os 7 dias. Como esta informação não é explicitada no texto, assumimos que há uma equivalência entre os dois planetas-fogo (Sol e Marte), e os dois planetas-água (Lua e Vênus), de um lado, e entre o ciclo da semana de sete dias e as 24 horas do dia, do outro. Os totais no final de cada linha e coluna representam as "horas" que compõem o "dia" espiritual, com uma hora igualando a ajuda "completa" dada à Alma Universal. A tabela, portanto, exibe uma perfeita simetria ao longo do eixo diagonal de força "total".

Esfera	Profeta	Domingo	Segunda	Terça	Quarta	Quinta	Sexta	Sábado	Total
4ª (Sol)	Idris	***PLENA***		PLENA[4]	(um quarto)	metade		metade	3.25
1ª (Lua)	Adaõ		***PLENA***		(metade)	metade	PLENA	metade	3.5
5ª (Marte)	Aarão	PLENA		(***PLENA***)	(um quarto)	metade		metade	3.25
2ª (Mercúrio)	Jesus	um quarto	dois quartos	(um quarto)	(***PLENA***)	metade	metade[3]	metade	3.5
6ª (Júpiter)	Moisés	metade	metade	metade	(metade)	***PLENA***	metade	metade	3.5
3ª (Vênus)	José		PLENA		(metade)	metade	***PLENA***		3.5
7ª (Saturno)	Abraão	metade	metade	metade	(metade)		metade	***PLENA***	3.5
Total de unidades ou "horas" do dia		3.25	3.5	(3,25)	(3.5)	3.5	3.5	3.5	24

NOTAS DO QUADRO

1. Embora o texto autográfico não dê detalhes sobre o efeito individual das esferas na quarta-feira, há uma referência geral na sentença: "Deus ordenou que as realidades espirituais auxiliassem a Alma [neste dia], de acordo com sua força correspondente em sua relação com esta espiritualidade (*rūḥāniyya*). Não houve uma única delas que não auxiliasse e esta é a base de uma imensa sabedoria". No *Futūḥāt*, Ibn 'Arabī nomeia a quarta-feira como Luz (*nūr*), como o Sol no centro dos planetas (*Fut.* I:155).
2. O texto especifica que um quarto [da força] está na descida (*hubūṭ*), enquanto o outro está envolvido no movimento de descida (*sayr li-hubūṭ*). Seria esta uma referência ao primeiro advento de Jesus, com João (que também está nesta esfera) como auxiliador nesta descida?
3. A 2ª esfera é descrita como "ajudando nesta descida". Fica ambíguo se isto também se aplica à 6ª e 7ª esferas, que são descritas como auxiliares no mesmo modo.
4. O texto afirma: "... e a 4ª esfera ajudou a Alma com toda sua força e a ajudou com um quarto de sua força em vários modos e com um quarto de força na ascensão (*su'ūd*)". Como a 1ª e 3ª esferas são descritas como não auxiliando, pode-se inferir que todas as outras auxiliam. Podemos, talvez, atribuir força total à 5ª esfera, uma vez que terça-feira é o dia de Marte (Aarão). Também deduzimos ser um quarto para a 2ª esfera pelo modo que terça-feira e domingo parecem espelhar-se. Também podemos notar aqui o modo que segunda-feira espelha sexta, que por sua vez espelha quinta e sábado. Completamos o total de horas para cada dia com base no padrão de 24 horas para a semana toda, que mostra a equivalência do dia de 24 horas e a semana de sete dia como ciclos.

APÊNDICE C

O sistema *Abjad*

Ibn 'Arabī refere-se a diferentes versões deste sistema alfanumérico, que se encontram em duas categorias básicas: os sistemas Oriental e Ocidental. Ao discutir as letras e seu valor numérico no Capítulo 2 do *Futūḥāt al-Makkiyya*, ele menciona que a versão Oriental é usada pelas "pessoas de luzes" (*ahl al-anwār*), enquanto a Ocidental é preferida pelas "pessoas de segredos" (*ahl al-asrār*). Para Ibn 'Arabī esta ciência é um meio de contemplação direta, mas ele não dá a esse sistema a mesma proeminência como deram outros escritores, como por exemplo al-Būnī.[71]

O SISTEMA ORIENTAL

A última letra deste sistema é *ghayn*, que indica o Oeste (*gharbī*).[72]

---

71 Aḥmad b. 'Alī al-Būnī, nativo de Bejaia (Bougie) na Argélia (data de morte incerta, provavelmente algumas décadas após Ibn 'Arabī), escreveu sobre os simbolismos e poderes operativos dos números e letras. Pode-se também encontrar orações devotadas a cada uma das letras do alfabeto árabe em seu *Shams al-ma'ārif al-kubrā* (pp. 363-81, Egito, s.d.), mas apesar de estilos semelhantes, Al Būnī não pode ser comparado em termos de clareza ou inspiração aos aqui considerados.

72 Ver *Fut.* I:71, letra *ṣād*, ou 73, letra *sīn*.

Este é o sistema que fundamenta a seleção de orações-letras para a noite no *Awrād*.

1	2	3	4	5	6	7
alif	*bā'*	*jīm*	*dāl*	*hā'*	*wāw*	*zāy*
8	9	10	20	30	40	50
ḥā'	*ṭā'*	*yā'*	*kāf*	*lām*	*mīm*	*nūn*
60	70	80	90	100	200	300
sīn	*'ayn*	*fā'*	*ṣād*	*qāf*	*rā'*	*shīn*
400	500	600	700	800	900	1000
tā'	*thā'*	*ḫā'*	*dhāl*	*ḍād*	*ẓā'*	*ghayn*

O SISTEMA OCIDENTAL

A última letra deste sistema é *shīn*, que indica o Leste (*sharqī*).[73]

1	2	3	4	5	6	7
alif	*bā'*	*jīm*	*dāl*	*hā'*	*wāw*	*zāy*
8	9	10	20	30	40	50
ḥā'	*ṭā'*	*yā'*	*kāf*	*lām*	*mīm*	*nūn*
60	70	80	90	100	200	300
ṣād	*'ayn*	*fā'*	*ḍād*	*qāf*	*rā'*	*sīn*
400	500	600	700	800	900	1000
tā'	*thā'*	*ḫā'*	*dhāl*	*ẓā'*	*ghayn*	*shīn*

73 Ver *Fut.* I:67, letra *ghayn*.

Os mesmos valores se aplicam às versões resumidas (*ḥisāb ṣaghīr*) destes dois sistemas, exceto que o zero é omitido. Somente os números naturais são considerados: por exemplo, *'ayn* = 7 em ambos, e *ghayn* = 1 (Oriental) ou 9 (Ocidental).

APÊNDICE D

Sobre os significados das letras *Alif* e *Wāw*

Os seguintes extratos são uma série de contemplações sobre a significação esotérica das letras *alif* e *wāw*, e dão um exemplo da complexa compreensão que Ibn 'Arabī tem da língua árabe. As letras são elas mesmas um campo de manifestação Divina, revelando todos os princípios que estão exteriormente dispostos no cosmos. Cada letra recebe um valor numérico, que pode variar dependendo do sistema usado (ver Apêndice C), e pode ser escrita de diferentes formas, conforme estiver unida a outras letras ou se aparecer sozinha.

Em termos fonéticos, as letras são consideradas como pontos de articulação onde a respiração é "interrompida", causando o som particular de cada letra. A letra *alif*, que é o suporte do *hamza* ou a parada glótica, vem do fundo do peito, sem qualquer interrupção de seu som. Sendo este som o mais próximo da respiração, o *alif* é, portanto, um símbolo de primordialidade. Enquanto a letra *hā'* é produzida no ponto mais interior, no centro do peito, a letra *wāw* é articulada no ponto mais extremo da boca, onde os lábios se contraem. Desta forma, o *wāw* é considerado a última letra em termos de articulação, incluindo as propriedades de todos os outros sons "anteriores" que podem ser articulados. A respiração tem que transpor todos estes pontos de articulação para alcançar o "lugar" do *wāw*, incorporando, assim, os poderes de todas as letras. Por esta razão, Ibn 'Arabī o considera o símbolo por excelência do Homem Perfeito.

O SIMBOLISMO DO *ALIF*

A letra *alif* não é somente a primeira letra do alfabeto árabe, mas também a letra que "une" todas as letras. Sua forma escrita é uma linha reta vertical, que nunca é ligada a qualquer outra letra seguinte. Esta verticalidade é tida como o símbolo mais pertinente de sua divindade. Todas as outras letras são consideradas como variáveis dessa verticalidade sob a forma de curvas. Na forma sonora ou escrita, o *alif* pode ser entendido como a letra primordial, sendo todas as outras letras suas articulações. Igualmente, em termos numéricos, ele tem valor 1, princípio de todos os números.

A primeira parte da "Prece da véspera de quarta-feira" é devotada à meditação sobre o *alif*. Os seguintes extratos de outras obras de Ibn 'Arabī revelam algumas das alusões na prece. Ibn 'Arabī chama o *alif* de "raiz autossubsistente das letras" (*qayyūm al-ḥurūf*): "tudo é dependente dele, enquanto ele não depende de nada".[74]

> "Ele me disse: 'O *alif* é silencioso, enquanto as letras falam. O *alif* é pronunciado nas letras, mas as letras não são pronunciadas no *alif*. As letras são constituídas do *alif*, e o *alif* sempre as

[74] *Kitab al-Alif*, p. 12.

acompanha sem que elas percebam'. E me disse então: 'As letras são Moisés, e o *alif*, seu cajado'".[75]

"Se perguntares 'Como o *alif* veio a ser o [autossubsistente] princípio das letras?', a resposta é que o *alif* possui o movimento vertical; e devido à sua condição de eterna Autossubsistência (*qayyūmiyya*), tudo permanece em existência.

Podes objetar dizendo que o mundo só se torna existente por meio do movimento horizontal, uma vez que isto acontece por meio de uma 'doença' (*maraḍ*), isto é, uma 'inclinação' [na direção do horizontal].

Não vês o modo com que os filósofos descrevem Aquele que deu existência ao mundo como Causa das causas (*'illat al-'ilal*), enquanto a causa [que necessariamente acarreta seu efeito] é incompatível com a condição de eterna Autossubsistência? Em resposta, dizemos: a existência somente acontece por meio da condição de autossubsistência da Causa, e cada realidade espiritual (*amr*) possui sua condição de autossubsistência. Portanto, compreende! Pois, a condição de autossubsistência da divindade requer sem dúvida a existência daquilo sobre o qual a divindade é exercida. 'Então, Aquele que se mantém atento a cada alma por seu mérito é igual aos ídolos? E mesmo assim atribuem associados a Deus!'".[76]

---

75 *Mashāhid al-asrār*, capítulo 5, p. 50, texto em árabe.

76 *Fut.* II:122. A citação é do Corão, 13:33. Para uma discussão mais completa sobre a doutrina da causalidade de Ibn 'Arabī, ver SDG, pp. 18-19.

O SIMBOLISMO DO *WĀW*

Começando com uma consideração do simbolismo numérico, Ibn 'Arabī passa a descrever o relacionamento entre o Criador e a criação em termos de como as palavras *kun* ("Sê", o Comando Divino que dá existência) e *kawn* (a criação à qual é dada existência) são escritas em árabe. Considerando as formas gráficas da letra, ele relaciona o *wāw* à letra *hā'* (como em *huwa* ou "Ele", a Ipseidade Divina), encontrando uma alusão simbólica para a conexão essencial entre o Homem e Deus. O *wāw* aqui simboliza o Homem Perfeito que sabe de sua realidade de acordo com a Sabedoria Divina. A parte final é uma meditação sobre a forma escrita e interna da letra *wāw*, que novamente mostra a distinção fundamental entre Criador e criado.

Este trecho apresenta uma das exposições de Ibn 'Arabī sobre o "segredo entre o *kāf* e o *nūn*", mencionado na "Prece da Véspera de sexta-feira". Os títulos são nossos, não de Ibn 'Arabī.

Trecho do *Kitab al-Mīm wa-l-wāw wa-l-nūn*[77]

Quanto ao *wāw*, é uma letra nobre com muitos aspectos diferentes e variados modos de se considerá-lo.

WĀW COMO NÚMERO

É o primeiro número perfeito.[78] Corresponde [no sistema alfanumérico] ao número 6, cujas partes componentes são: uma

---

77 *Rasā'il*, vol. I, pp. 8-11, corrigido por meio do manuscrito autográfico MS. Veliyuddin, 1759, e do Şehit Ali 2813, que carrega um *samā'*.

78 Um número perfeito é aquele que resulta da soma de seus divisores, in-

metade, que é 3 partes, um terço, que é 2 partes, e um sexto, que é 1 parte, perfazendo um total de 1 todo, que são 6 [partes].

No simbolismo das letras, o *wāw* representa o que o número 6 representa para escolas de simbolismo numérico, como os Pitagóricos. É produto de duas letras nobres, o *bā'* e o *jīm*. O *bā'* [cujo valor numérico é 2] corresponde ao grau do Primeiro Intelecto, que é o segundo existente, ou melhor, que está no segundo grau de existência. Este é o caso de todas as outras letras escritas, isoladas ou ligadas. A letra *jīm* [cujo valor numérico é 3] representa o primeiro dos números ímpares.[79]

Se multiplicarmos o *jīm* pelo *bā'* [3 x 2], o resultado é o *wāw* [6], que possui em igual medida as propriedades e disposição desses dois fatores. O *wāw* tem as propriedades do número 6 e também inclui as propriedades dos números 2 e 3. É uma letra que se preserva em sua particularidade.[80]

É por isso que a letra *wāw* pode ser encontrada na Ipseidade (*huwiyya*), [do pronome *huwa*, que é formado das letras *hā'* e *wāw*]. A Ipseidade preserva o Oculto e nunca aparece na manifestação. Neste particular, o *wāw* é mais poderoso que qualquer outra letra, à excessão do *hā'* [cujo valor numérico é 5]. Este último se preserva e preserva os demais,[81] enquanto o *wāw* só preserva

cluindo a unidade: assim, 1 + 2 + 3 = 6, e 6 pode ser dividido por 2 e 3. O segundo número perfeito é 28: portanto, 1 + 2 + 4 + 7 + 14 = 28. O *wāw* tem um valor numérico de 6 e corresponde fonologicamente a 28 (como o último som). Os primeiros quatro números perfeitos eram conhecidos pelos gregos e tinham sido descritos em árabe por Ibn Sīnā, conhecido no Ocidente por Avicena (980-1037 d.C.).

79 Literalmente, "as estações da singularidade", sendo o 3 o primeiro número singular ou ímpar.

80 Em outras palavras, 6 x 6 = 36; 6 x 36 = 216; etc. Portanto o número 6 é sempre preservado.

81 Assim, 5 x 5 = 25; 5 x 25 = 125; 5 x 125 = 625; etc. Portanto, o *ha'* preserva o número 5 (*hā'*) e o número 20 (*kāf*).

si mesmo. O *hā'* e o *wāw* (juntos) são o mesmo que Ele (*huwa*, escrito *h* + *w*) e esta é a Ipseidade (*huwiyya*).

Kun e *Kawn*

A outra [letra] que é preservada pelo *hā'* é o *kāf* [cujo valor numérico é 20] da Criação (*kawn*). Este (*kawn*) é a sombra do Comando Divino "Sê" (*kun*): a essência da sombra do *kun* é o mundo criado (*kawn*) porque a luz da Essência Divina brilha sobre a essência do *kun*, projetando dele uma sombra, que é a própria Criação (*kawn*).

Entre a Criação e Deus, o Altíssimo, estende-se o véu do *kun* [escrito em árabe como duas letras ligadas, *k* + *n*]. O *kāf* é ligado ao *nūn*: o valor numérico de *nūn* é 50, que pode ser visto como 5 na coluna das dezenas Da mesma forma, as cinco orações islâmicas prescritas preservam os 50 passos da oração, como é refletido no hadith transmitido por Buẖārī: "Elas são 5 e são 50, e a palavra não é mudada para Nós".[82] Neste sentido, 5 [*hā'*] é o mesmo que 50 [*nūn*].

Quanto ao *kāf*, é somente preservado pelo *hā'* [20 é um derivado da multiplicação por 5]. Embora, aparentemente, tenha-se apartado dele no [comando] *kun*, na verdade está sustentado pelo *nūn*, que aqui representa o próprio *hā'*.[83] Sua existência é preservada por meio dele [*nūn*], e por meio desta preservação no *kun*, o *kawn* é preservado da não-existência. Pois, o imperativo "Sê" (*kun*) não pode transformar algo da existência para a não-

---

82 Referindo-se às 50 orações que Deus deu ao Profeta para a comunidade e que foram subsequentemente reduzidas a 5. Há uma equivalência entre 5 e 50, uma vez que o mesmo número foi transposto da coluna decimal para a coluna da unidade. Na abreviação do sistema *abjad*, a letra *nūn* equivale assim ao número 5.

83 *Kun* é escrito como duas letras, *k* e *n* (*kāf* – *nūn*), a segunda letra é vista como suporte da primeira.

-existência, pois isso seria contrário à sua natureza, que é essencialmente dar existência, e não tornar não-existente...

WĀW NA FORMA GRÁFICA

Devido à sua realização no *hā'*, o *wāw* ganha existência formal de acordo com uma das formas do *hā'*, estando ele ligado ou isolado. Se isolado, a forma do *hā'* é ٥, que é um *wāw* invertido, ou ه ou ainda ه, que seria a cabeça do *wāw*. Qualquer que seja sua forma gráfica, ela está contida no *wāw*. Como não haveria de ser assim se o número 6 contém natural e necessariamente o 5?

Quando o *hā'* se apresenta ligado, tem duas formas possíveis e, novamente o *wāw* está presente graficamente em ambas: na forma هـ, o *hā'* está somente ligado à letra seguinte [na escrita árabe, da direita para esquerda], e o *wāw* aparece em sua posição natural; enquanto na forma ـهـ, quando está ligado às letras que a precedem e sucedem, o *wāw* aparece invertido.

Tudo isto aponta para a intensidade do relacionamento original da letra *wāw* com o aspecto divino (*janāb al-a'lā*). Para nós, o *wāw* indica "Ele", e foi a isso que o imame Abū al-Qāsim Ibn Qasī se referiu em seu *Ḥal' al-Na'layn*:[84] "Quando alguém adquire a sabedoria dos segredos do *wāw*, faz com que os mais altos espíritos desçam em uma nobre revelação. Esta [letra] também nos mostra a existência da forma Divina em nós, segundo Seu dizer: 'Deus criou Adão segundo Sua Forma'".

---

84 Ibn Qasī (morto em 1151 d.C.) foi um sufi Andaluz que organizou a rebelião contra os almorávidas no Algarve. Ibn 'Arabī encontrou seu filho e escreveu um comentário crítico sobre seu livro.

Os elementos da letra *Wāw*

Entre os dois *wāws*[85] estende-se o véu da Unicidade (*aḥ adiyya*), que é o *alif* [primeira letra de *Aḥad*, Unicidade]. Portanto, a criação (*kawn* = segundo *wāw*) apareceu na forma de seu Criador (*mukawwin* = primeiro *wāw*), enquanto entre os dois está colocado o véu do "Mais Inacessível Poder" e a "Mais Superlativa Unicidade" (*aḥadiyya* = *alif*), para que as essências [dos dois lados] fossem distinguidas. Quando se considera a criação pelo lado da Forma [Divina], diz-se que ela é não-existente, uma vez que a Forma é "Ele" (*huwa*, a Ipseidade). Entretanto, ao considerar-se a criação pelo lado de sua essência, diz-se que ela é existente. Isto ninguém sabe, exceto aquele que conhece o que separa os dois *waws*; o *alif*. É o *alif* que nos mostra que este [primeiro *wāw*] não é aquele [segundo *wāw*].

No nome da letra *wāw*, o primeiro *wāw* é o (*wāw*) da Ipseidade, e o *hā'* [de *huwa*, Ipseidade] nele está implícito, da mesma forma que o número cinco está contido no seis, não havendo portanto necessidade de que ele apareça explicitamente.

O segundo *wāw* é o (*wāw*) da criação (*kawn*). O *wāw* aparece tanto na criação (*kawn*) quanto no Criador (*mukawwin*), ou a Ipseidade (*huwiyya*), se assim preferir. O *waw* está também no que se encontra entre a Ipseidade e a Criação, que é o *kun* ("Sê!"): mesmo assim, aqui, ele é invisível.[86] Está escondido por causa da natureza do Comando Divino. Pois se tivesse aparecido no próprio Comando, a criação não se teria manifestado, já que ela não tem capacidade de testemunhar a Ipseidade e a realidade

85 O nome da letra *wāw* é escrito: *wāw* (w) + *alif* (a) + *wāw* (w).

86 Não é visível como letra, mas aparece como sinal diacrítico ou *ḍamma* (=u), que tem o mesmo som e a mesma forma gráfica do *wāw*.

da Ipseidade teria desaparecido. A Ipseidade [Aquele que está ausente e oculto] é totalmente oposto ao testemunho [que implica presença e visibilidade], uma vez que Ele é o Absolutamente Oculto [ou o Ausente].

[Nota: podemos representar a explicação de Ibn 'Arabī da seguinte foma:]

Testemunho (*shuhūd*)	Unicidade (*aḥadiyya*)	Ipseidade (*huwiyya*) Oculto (*ghayb*)
و	ا	و
WĀW	*ALIF*	*WĀW*
كَوْن	كُنْ	مُكَوِّن
Criação (k-w-n)	'Sê' (k-n)	Criador (m-k-w-n)

APÊNDICE E

Manuscritos do *Awrād*

A data da composição do *Awrād* é desconhecida e até o momento não se tem notícia de um manuscrito feito por Ibn 'Arabī, durante seu período de vida; ele não o menciona em nenhuma das listas de suas próprias obras, o *Fihrist* e o *Ijāza*. Isto pode sugerir que era um livro considerado de uso privado, ou que foi composto após Ibn 'Arabī ter produzido estas autobiografias, porém não há evidência documental que clarifique esta questão no presente momento. Ao mesmo tempo, a autoria do *Awrād* nunca foi questionada por nenhuma das fontes por nós conhecidas. Ao contrário, mostram uma total unanimidade ao atribuí-las a Ibn 'Arabī, em uma tradição que remonta a mais de sete séculos. Dos numerosos manuscritos que podem ser encontrados pelo mundo, nenhum parece ter sido atribuído a outro autor.

O grande número de cópias demonstra que as orações do *Awrād* foram por muito tempo distribuídas e recitadas em grande parte do mundo islâmico. O principal foco de prática parece ter começado na Anatólia (atual Turquia), com uma difusão mais aberta durante o período Otomano. Entretanto, parece que o *Awrād* não foi considerado próprio para a disseminação pública: as orações teriam constituído parte de uma tradição oral esotérica, praticada em circunstâncias íntimas, privadamente ou em pequenas reuniões.

O que parece claro é que a obra foi escrita em diferentes estágios e posteriormente reunida em sua forma final. Há evidências que sugerem que as orações noturnas foram concebidas originariamente separadas das orações diurnas. Por exemplo, muitos manuscritos contêm umas ou outras, e mesmo aqueles que contêm ambas nem sempre as combinam. Além disso, se considerarmos as orações noturnas separadamente, veremos que foram retiradas de outra obra [T], intitulada *Tawājjuhat al-ḥurūf.* Esta é uma série de orações de cada letra, fazendo um total de 29 (incluindo a letra combinada *lām-alif*), das quais 14 são encontradas nas orações noturnas do *Awrād*. Este trabalho anterior, que não tem data, pode, talvez, ter sido escrito logo após o famoso sonho visionário que Ibn 'Arabī teve em Bejaia (Argélia) em 597 H./1200 d.C.[87] Neste sonho, ele viu celebrada sua união nupcial com cada estrela do céu e com cada letra do alfabeto. Esta visão o levou, durante sua estadia em Meca, à composição de várias obras importantes a respeito das letras. Algumas destas apareceriam mais tarde no monumental *Futuhat al-Makkiyya*. Seria possível que também o *Tawajjuhāt* fosse parte deste grande projeto?

A única informação clara que temos sobre as orações diurnas pode ser encontrada no início da oração da manhã de terça-feira em dois manuscritos. Uma breve nota cita uma explicação oral do próprio Ibn 'Arabī, em que afirma que esta oração foi inspirada durante um retiro em 610 H./1213 d.C. (nada mais se sabe sobre este ano particular da vida do *Shayḫ*).

---

87 Ver UM, p. 144.

O texto do *Awrād* pode ser encontrado em numerosas bibliotecas, sob vários títulos. Osman Yahia faz referência a mais de quarenta manuscritos em seu *Classification*, embora muitos mais possam ser encontrados em bibliotecas e coleções não catalogadas por ele. Raros são os manuscritos que contêm informações que possam ajudar a datá-los. A data especificada mais remota parece ser 1107 H./1695 d.C., embora o comentário mencionado em [L] (ver abaixo) mostre que o texto era bem conhecido no século XV. Sua transmissão esotérica pode ter restringido sua circulação em tempos remotos. Na corrente de copistas mencionada em [Y] (ver abaixo), o último transmissor autoriza uma leitura aberta das orações do *Awrād*, o que pode indicar que tal abertura não era prevalente.

Ao preparar esta tradução, fizemos uso dos seguintes manuscritos, e observações sobre as leituras variantes foram mencionadas no final de cada oração.

[P]

Título: (p. 1) *Awrād al-layālī 'l-sab'a wa-l-ayyām al-sab'a 'alā 'l-tartīb*

(p. 2) *Awrād usbū'iyya*

Publicado pela Muḥyīddin Ibn 'Arabī Society sob o título *Wird*, Oxford, 1979 (reeditado em 1988).

Claro *nasḫī*. Completamente vocalizado. Edição fac-símile de fac-símile anterior de Istambul do manuscrito original, sem data. 13 linhas por página, 56 páginas, com transliteração.

Este é o manuscrito básico usado na presente tradução. Contém o texto completo das quatorze orações da semana, na ordem de véspera e dia, começando com *laylat al-aḥad* ("Véspera de domingo").

Contém uma *muqaddima* ("Oração de Abertura") sem título em prosa rimada (*-īqih[ī]*), não encontrada em nenhuma outra cópia, exceto [R] (fol.23). Após mencionar o autor, ela começa: *al-ḥamdu lillāhi ´alā ḥusni tawfīqihi wa-s'aluhu 'l-hidāyata ilā sulūki ṭarīqihi*; e termina: *wa huwa 'l-maqṣūdu wa-lā inkāra wa-lā juḥūda wa-huwa ḥasbī wa-ni'ma ´l-wakīl.*

Na p. 24 do manuscrito, há uma nota entre o fim da "Véspera de terça-feira" e "Manhã de terça-feira", referindo a um retiro realizado por Ibn 'Arabī em 610 H., quando lhe foi dada esta oração (ver notas da "Oração de terça-feira", no texto em inglês ver, pg. 78)

[Y]

Título: *Aḥzab wa-awrād.*

Mss: Yahya Efendi (agora Haci Mahmud) 4179/pp. 2-45 (RG 16A).

Claro *Nasḫī*, não vocalizado. Edição fac-símile do manuscrito original, sem data. 13 linhas por página, 44 páginas.

Contém somente o texto das orações diurnas.

Há uma introdução de cinco páginas pelo copista, al-Hājj Muḥammad al-Madanī, proporcionando uma cadeia de transmissão para o *Awrād*, começando pelo próprio *Shayḫ al-Akbar*. A cadeia, em uma ordem ascendente, segue assim:

1 Muḥammad al-Madanī, filho do finado *Shayḫ* Sa´duddīn al--Baṣrī (mudarris na mesquita do Profeta em Medina) de:

2 (Mawalānā al-Sayyid al-Sharīf) Muḥammad b. 'Alī al-'Alawī al-Yamanī[88] de:

---

[88] O citado é possivelmente relacionado a Muḥammad b. 'Alī al-'Alawī (1178-

3 (Mawalānā al-Sayyid) 'Abd al-Shakūr al-Mu'ammar, de:
4 (Mawalānā) Shāh Mas'ūd al-Iṣfarā'inī al-Mu'ammar[89], de:
5 (Sayyidinā wa-mawlānā) 'Alī al-Qūnawī[90] de:
6 Muḥammad b. 'Alī al-Ḥātimī al-Ṭā'ī al-Andalusī Muḥyīddīn [Ibn] al-'Arabī:

A origem do *silsila* do *Awrād* é a seguinte: 'Alī al-Qūnawī, um nativo de Konya, onde Ṣadruddīn al-Qūnawī, herdeiro de Ibn'Arabī, viveu e ensinou. 'Ali nasceu quatro anos antes da morte de Ṣadruddīn, e teve contato direto com seus discípulos em Konya, tendo possivelmente estudado com eles.

O copista também indicou como o *Awrād* foi transimitido: "Foi-me dada a permissão [para a recitação do *Awrād*] para qualquer um que queira lê-lo, pela virtude da autorização a mim dada pelos acima mencionados mestres (*shayḫs*)" (p. 3). O copista

1244), que foi iniciado no Caminho por Abū Madyan, e fundou uma *ṭarīqa* que sobrevive até hoje no sul da Arábia.

89 Seus epítetos no original (*ma'din al-sulūk wa-l-ṭarīqa*) podem indicar que ele estabeleceu uma *ṭarīqa* particular, a qual o copista pertenceu. Nós não conseguimos avaliar qualquer informação sobre essas quatro fontes, embora estes sejam mencionados com títulos elevados.

90 Seu nome completo é 'Alā'uddīn 'Alī b. Ismā'īl b. Yūsuf al-Qūnawī. Nascido em Konya (668 H./1269 d.C,), viveu em Damasco e tornou-se discípulo do *Shayḫ* al-Manbijī, que teve papel decisivo ao trazer Ibn Taymiyya para o julgamento de Ibn 'Arabī. 'Alī al-Qūnawī, mais tarde, passou muitos anos no Cairo, onde chefiou uma *ṭarīqa* egípcia. Escreveu um comentário ao famoso *Kitab al-Ta'arruf* de al-Kalābādhī (morto em 990), como também, escreveu ao *Al-Ḥawī al-ṣaghīr* de Najmuddīn 'Abd al-Ghaffār al-Qazwīnī (morto em 1266), ambos não editados. Esses comentários são mencionados em uma lista de livros da escola *Shāfi'i*, encontrada no final de *Ṭabaqāt al-shāfi'iyyya* de Hidāyat Allāh al-Huṣanynī al-Muṣannif (morto em 1605). Retornou a Damasco como chefe cádi em 727 H./1327 d.C., e acabou morrendo no mesmo ano, em 1º de outubro. Para mais detalhes, ver Alexander Knysh, *Ibn 'Arabī in the Later Islamic Tradition*, p. 131 e Brockelmann, *GAL* I: 394 e II: 86 e Sezgin I: 669.

chama essas preces de *aḥzāb* (pl. *ḥizb*), *Awrād* e *ad'iya* (pl. de preces – *du'ā*). Ao fim dessa introdução, é citada como de autoria de Ibn 'Arabī o seguinte dístico:

> O Livro de Deus é o mais confiável dos ditos,
> transmitido ao escolhido por Gabriel
> da Tábula mais abrangente,
> da Pena mais Sublime, do Majestoso Ele mesmo.

[I]

Título: *(al-)Awrād al-usbu'iyya*

Parte da coleção de preces de Ibn 'Arabī de Ahme Ziya'uddin Gümüshhanevi, impressa em Istambul no final do século XIX, vol. I, pp. 40-76.

Edição fac-símile, com muitas notas marginais, resultado de comparações com outras cópias. Claro *Nasḫī*, totalmente vocalizado.

Texto das preces diurnas é apresentado em uma coleção separada das preces noturnas.

Essa é uma versão "crítica" fidedigna do *Awrād*, que propiciou muitas das leituras variantes desta tradução.

[R]

Título: *(al-)Awrād al-layliyya wa-l-yawmiyya wa-l-ḥiṣārāt li-l--Shayḫ al-Akbar*

Mss: Rashid Efendi 501, fols. 23 a 41 a (RG64)

Parte de uma coleção de preces atribuída a Ibn 'Arabī. As 14 preces estão postas em ordem de noites e dias da semana, com uma prece de conclusão (*ḥiṣār*) adicionada depois de cada prece diurna. Essa coleção também contém poemas de 'Abd al-Ghanī al-Nābulusī (fols. 68b-72b). Esta cópia pode ser datada do tempo de al-Nābulusī (1143/1731), escrita por um de seus discípulos; o copista menciona duas vezes al-Nābulusī como seu mestre, indicando que al-Nābulusī ainda vivia ao tempo dessa cópia.

Escrita *Nasḫī*, sem vocalização, exceto para as preces diurnas, que estão completamente vocalizadas. É sugerido que as preces noturnas e diurnas eram originalmente separadas, e o copista as reuniu de diferentes manuscritos. É incerto se as preces adicionadas são complementares às preces diurnas ou aos períodos de 24 horas. Esses *ḥiṣārāt* são claramente adições de um autor posterior, que procurou imitar as rimas do *Awrād*; porém, por seu estilo ser bastante distinto e não possuir a mesma inspiração, a presente tradução excluiu essas preces.

À margem da folha 23a é encontrada a mesma *muqaddima* que está em [P]; ela também contém uma versão levemente diferente dos comentários de Ibn 'Arabī à "Prece da manhã de terça-feira" (folha 30a). Como um todo, o texto apresenta frequentes adições ou interpolações, particularmente nas preces noturnas.

[L]

Título: (capa) *Wird Ḥaḍrat Shayḫ al-Akbar*
(folha 1b) *Awrād al-Shayḫ al-Akbar*

Mss: India Office, Arabic Loth, 339 (não 393 como em RG 64).

Claro Nasḫī, parcialmente vocalizado, 11 linhas por página, 36 folios.

As preces noturnas aparecem primeiro, seguidas pelas preces diurnas.

Para cada prece noturna, o copista adicionou uma nota ao final de cada letra-seção, tanto na margem (no meio da oração) ou no final da oração, incluída no texto como um comentário.

Ambos os tipos de notas foram extraídos de um comentário intitulado "A pérola dos Horizontes" (*Durrat al-āfāq*), escrito, segundo consta, por 'Abd al-Rahman b. Muḥammad al-Bistani (m. 858/1454). Observa-se, pelos exemplos a seguir, que o comentarista destina as preces noturnas a um tempo diferente, que corresponde ao dia intercalado descrito por Ibn 'Arabī em *Ayyām al-sha'n* (veja o Apêndice A):

(Após a seção da letra *hā'* no meio da prece da primeira noite, *laylat al-aḥad*, usualmente associada à "Prece da véspera de domingo").

"Aquele que conversar com seu Senhor com este Santificado Relembrar (*dhikr*), *na primeira hora da quinta-feira*, seu comando penetrará o interior das coisas e os reis serão subjugados por sua palavra, e ele será guiado à sutileza das sabedorias e à complexidade de todas as coisas."

(Após a seção da letra *qāf* ao final da *laylat al-aḥad*)

"Aquele que conversar com o seu Senhor, com este Supremo Relembrar (*dhikr*), *na primeira hora de quinta-feira*, [encontrará] seu espírito fortificado, seu relembrar aberto, seus inimigos subjugados, e a ele será dada a compreensão da realidade das coisas."

Este é o único manuscrito encontrado em que está explícita a conexão entre as letras e as preces noturnas, e que usa claramente o termo "dia espiritual". Há a menção, em algumas preces, do número de vezes que esta deverá ser repetida, baseada talvez no sistema *abjad*. Um exemplo: na seção da letra *sin* (véspera de quarta-feira), é recomendada sua repetição 131 vezes, número que representa o Nome Divino *salām* (60+30+1+40).

[W]

Título: *Awrād al-ayyām al-sab'a*

Mss: Waṭaniyya (Túnis) 1049, 1-34ff.

Claro *nasḫī*, vocalizado somente no primeiro folio. 13 linhas por página, 35 folios.

As preces diárias são seguidas pelas preces noturnas.

[S]

Título: *Ḥizb al-Shayḫ al-Akbar*

Mss: Şehit Ali 2796, fol. 56b (RG 242).

Nasḫī desarrumado, não vocalizado.

Este é o texto somente da manhã de quinta-feira. O valor real deste manuscrito está na seguinte nota no início:

"Nós encontramos na biblioteca privada do *Sayḫ* Ṣadruddīn al-Qūnawī – que Deus ilumine o seu segredo – alguns livros com a escrita do *Sayh* [Ibn] al-'Arabī – que Deus santifique seu segredo. Entre eles estava também o *Kitab al-Jami'* de Abu Muḥammad 'Abd al-Haqq[91], o *Tafsir* de al-Mahdawi[92], seus *Diwan al-kabir* e

---

91 'Abd al-Ḥaqq al-Azdī al-Ishbīlī foi um bem conhecido *muḥaddith* magrebino e um dos primeiros professores de Ibn 'Arabī.

92 Este *Tafsīr* é um condensado de três volumes de uma obra mais extensa de Abū'l-'Abbās Aḥmad al-Mahdawī (morto *circa* 430/1028), escrito por Ibn 'Arabī em Meca em 611H.

Musamarat,[93] o *Tafsir* de [Ibn] al-Barrajan[94], e uma cópia completa do *Futuhat* [*al-Makkiyya*] manuscrito pessoalmente pelo *Sayḫ*. [Isto foi] adicionado por alguém pouco conhecido, sempre solícito nas preces e pobre em Deus, Ibn Ahmad, filho do *Sayh* Muḥammad, *Shayḫ* da zawiya do *Sayh* Ṣadruddīn[95], que Deus tenha misericórdia dele. A prece (*hizb*) do *Sayh al-Akbar* foi copiada [da cópia do] manuscrito de Muḥammad b. Qaysar."[96]

[G]

Título: *Awrād al-usbu'*

Edição impressa compilada por M.M. Ghurab em seu *ṭarīq ilā Allāh ta'ālā min kalām al-Shayḫ al-Akbar* (Damasco, 1987), p. 177-99. As orações estão dispostas na ordem de noite e dia. O texto foi editado com a ajuda de dois manuscritos datados, respectivamente de AH 1107 e AH 1124 (1695 d.C. e 1712 d.C., respectivamente).

---

93 Esses dois manuscritos de Ibn 'Arabī são bem conhecidos (RG 102 e RG 493). O título completo de sua última obra é *Muḥāḍarāt al-abrār wa-l-musāmārat al-aḫyār.*

94 Uma edição critica está sendo preparada por Denis Gril e Pablo Beneito.

95 Talvez uma referência a Awḥaduddīn al-Kirmānī, com quem trabalhou muitos anos em Kayseri.

96 De acordo com Osman Yahia (RG 620), ele foi um dos seguidores de Ibn 'Arabī, que copiou extratos do *Inshā' al-dawā'ir* e outros manuscritos de Ibn 'Arabī, até o presente momento desconhecido de nós.

[T]

Título: *Tawajjuhāt Ibn 'Arabī* (ou *Tawajjuhāt al-ḥurūf*) (também chamado: *Tawassul wa-adhkār yawm al-ḫamīs aw laylatihi wa-kadhā sā'ir al-ayyām, Awrād al-'ārif al-rabbānī sayyidī Muḥīddīn Ibn 'Arabī*)

Edição impressa sob o título de *Tawajjuhāt al-ḥurūf* (Cairo, sem data), 1-27 páginas, com introdução. Editado por 'Abd al-Ḥamīd b. al-Sayyid Ibn Aḥmad b. Muḥammad al-Shādhilī al-Darqāwī al-Wafā'i al-Ḥātimī. O copista menciona seu mestre, Muḥammad 'Abd al-Wahhāb al-Laythī al-Qaṣrī, no início de uma introdução de 6 páginas, que contém algumas tabelas baseadas no Capítulo 198 (sobre a sabedoria do Sopro Divino) no *Futūḥāt al-Makkyya*.

Também consultamos uma cópia manuscrita em Damasco (Ẓāhiriyya 12615, 26ss.), também atribuída a Ibn 'Arabī, mas que não contém introdução, data ou informação extra.

Esse é o texto das 29 letras-orações originais, começando pela oração do *alif* (primeira parte da Véspera de quarta-feira) e terminando com o *lām-alif*. O texto é fundamentalmente o mesmo das orações noturnas do *Awrād* e parece, portanto, ter-lhes formado a base.

Bibliografia

AUSTIN, RALPH W. J., “Aspects of Mystical Prayer in Ibn ‘Arabi’s thought”. In *Prayer & Contemplatio*, ed. S. Hirtenstein, Oxford, 1993.

BROCKELMANN, C., *Geschichte der Arabischen Litteratur*, Leiden, 1945-49.

BURCKHARDT, TITUS, *Mystical Astrology according to Ibn ‘Arabi*, Aldsworth, Glos., 1977.

CHITTICK, WILLIAM, *The Sufi Path of Knowledge: Ibn al ‘Arabī’s Metaphysics of Imagination*, Albany, NY, 1989.

——, *The Self-Disclosure of God: Principles of Ibn al ‘Arabī’s Cosmology,* Albany, NY, 1998.

CHODKIEWICZ, MICHEL, *An Ocean without Shore*, Albany, NY, 1993.

——, *Seal of the Saints*, Cambridge, 1993

——, “The Vision of God according to Ibn ‘Arabi”. In *Prayer & Contemplation*, ed. S. Hirtenstein. Oxford, 1993.

——, “The Banner of Praise” in *Praise*. ed. S. Hirtenstein, Oxford, 1997.

CORNELL, VINCENT J., *The Way of Abū Madyan: Doctrinal and*

Poetical Works of Abū Madyan Shu' ayb ibn al-Ḥusayn al-anṣarī, Cambridge, 1996.

ELMORE, GERALD, "Paradox of Praise" in *Praise*, ed. S. Hirtenstein, Oxford, 1997.

ḤAKĪM, SU'ĀD AL-, *Al-Mu' jam al-ṣūfi*, Beirut, 1981.

HIRTENSTEIN, STEPHEN, *The Unlimited Mercifier: The spiritual life and thought of Ibn 'Arabī*, Oxford, 1999.

IBN 'ARABI, MUḤYĪDDĪN, *Kitāb al-'Abādilah*, critical edition by P. Beneito and S. Ḥakīm (forthcoming).

Kitāb al-Alif. In *Rasā il Ibn 'Arabī*, Hyderabad, 1948.

Kitāb 'Anqā' Mughrib, translated by Gerald Elmore as *Islamic Sainthood in the Fullness of Time*, Leiden, 1999.

____, *Risalat al-Anwār*, translated by R.T. Harris as *Journey to the Lord of Power*, London and The Hague, 1981.

____, *Ayyām al-sha'n*, in *Rasā'iI.*

____, *Dhaḥā' ir al-a'lāq*, Cairo, 1995.

____, *Dīwān*, Būlāq, 1855.

____, *Fuṣūṣ al-Ḥikam*. Arabic text edited by A. 'Afifi Beirut, 1946; translated by R. W. J. Austin as *Bezels of Wisdom*, London, 1980, and by A. Culme-Seymour as *The Wisdom of the Prophets*, Aldsworth, Glos., 1988. *Ismail Hakki Bursevi's translation of and commentary on Fuṣūṣ al-Ḥikam*, rendered into English by Bulent Rauf, 4 volumes, Oxford & lstanbul, 1986-91.

____, *Futūḥāt al-Makkiyya*, Cairo, 1911; reprinted Beirut, n.d. Edited by O. Yahia, Cairo, 1972-96. Selected passages

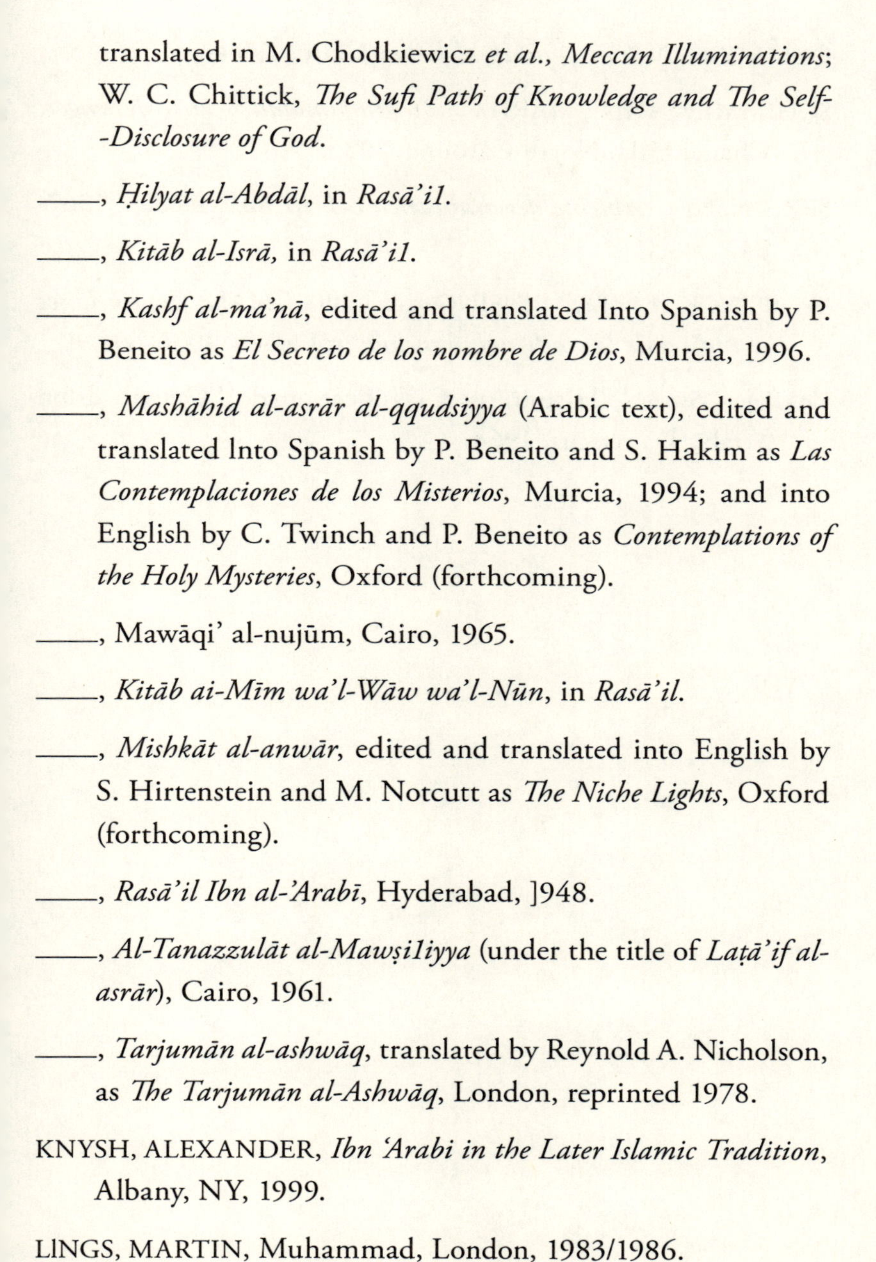

translated in M. Chodkiewicz *et al., Meccan Illuminations*; W. C. Chittick, *The Sufi Path of Knowledge and The Self--Disclosure of God.*

——, *Ḥilyat al-Abdāl*, in *Rasā'il.*

——, *Kitāb al-Isrā,* in *Rasā'il.*

——, *Kashf al-ma'nā*, edited and translated Into Spanish by P. Beneito as *El Secreto de los nombre de Dios*, Murcia, 1996.

——, *Mashāhid al-asrār al-qqudsiyya* (Arabic text), edited and translated lnto Spanish by P. Beneito and S. Hakim as *Las Contemplaciones de los Misterios*, Murcia, 1994; and into English by C. Twinch and P. Beneito as *Contemplations of the Holy Mysteries*, Oxford (forthcoming).

——, Mawāqi' al-nujūm, Cairo, 1965.

——, *Kitāb ai-Mīm wa'l-Wāw wa'l-Nūn*, in *Rasā'il.*

——, *Mishkāt al-anwār*, edited and translated into English by S. Hirtenstein and M. Notcutt as *The Niche Lights*, Oxford (forthcoming).

——, *Rasā'il Ibn al-'Arabī*, Hyderabad,]948.

——, *Al-Tanazzulāt al-Mawṣiliyya* (under the title of *Laṭā'if al-asrār*), Cairo, 1961.

——, *Tarjumān al-ashwāq*, translated by Reynold A. Nicholson, as *The Tarjumān al-Ashwāq*, London, reprinted 1978.

KNYSH, ALEXANDER, *Ibn 'Arabi in the Later Islamic Tradition*, Albany, NY, 1999.

LINGS, MARTIN, Muhammad, London, 1983/1986.

QUSHAYRĪ, *Naḥw al-qulūb al-kabīr*, Cairo, 1994.

SCHIMMEL, ANNE-MARIE, *And Muhammad is His Messenger*, Chapel HiII, North Carolina, 1985.

SEZGIN, F., *Geschichte des arabischen Schrifttums*, Leiden, 1967-84.

WENSINCK, A.J., J.P. MENSING and J. BRUGMAN, *Concordance et indices de la tradition musulmane*, Leiden, 1936-69.

YAHIA, OSMAN, Histoire et Classification de l'Oeuvre d'lbn 'Arabī, Damascus, 1964.

Este livro foi composto em Adobe Garamond e impresso pela Orgrafic Gráfica e Editora, em papel Lux Cream 80 gr. para a Attar Editorial, em fevereiro de 2014.